ワイになる！ 小学ハイレベルワーク

年 国語 もくじ

特別ふろく

1 巻末ふろく しあげのテスト

2 WEBふろく 自動採点CBT

WEB CBT(Computer Based Testing)の利用方法

コンピュータを使用したテストです。パソコンで下記WEBサイトへアクセスして，アクセスコードを入力してください。スマートフォンでのご利用はできません。

アクセスコード／Fkbbbba2

https://b-cbt.bunri.jp

編集協力：エデュ・プラニング／イラスト：ユニックス

この本の特長と使い方

この本の構成

知っトク！ ポイント

この本で学習する内容を章ごとにまとめたページです。覚えておくべきことや問題を解くうえで役立つポイントなどが書いてあります。よく読んでから学習を始めましょう。

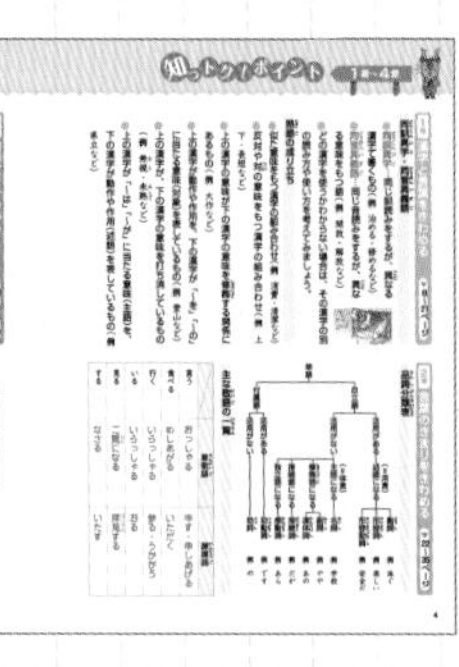

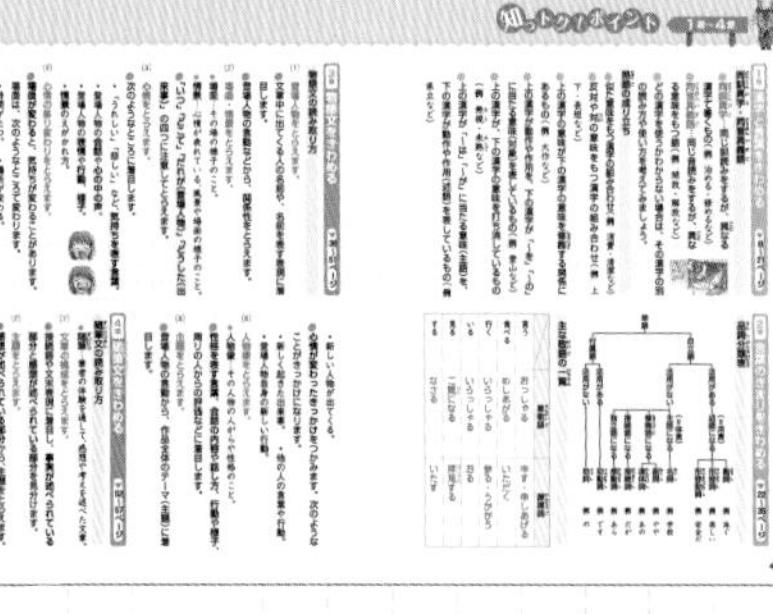

標準レベル

実力を身につけるためのステージです。教科書レベルの学習内容で、土台となる基礎的な力を養います。わからなくなったときは、「知っトク！ ポイント」に戻って確認しましょう。

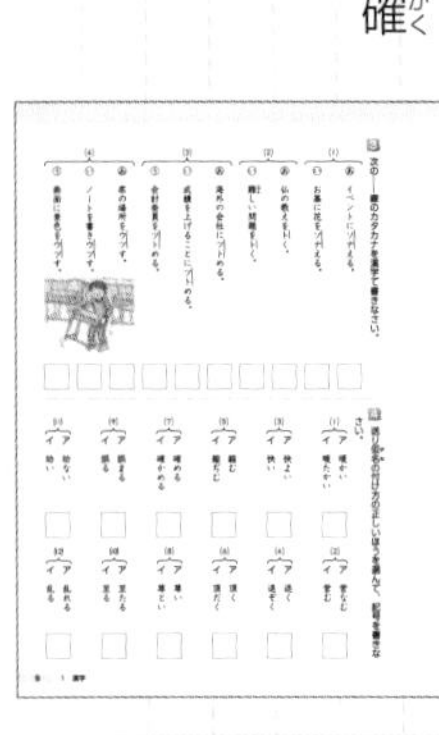

特集回

思考力育成問題

知識だけで答えるのではなく、知識をどのように活用すればよいのかを考えるためのステージです。活用のしかたを積極的に試行錯誤することで、教科書だけでは身につかない力をつけることができます。

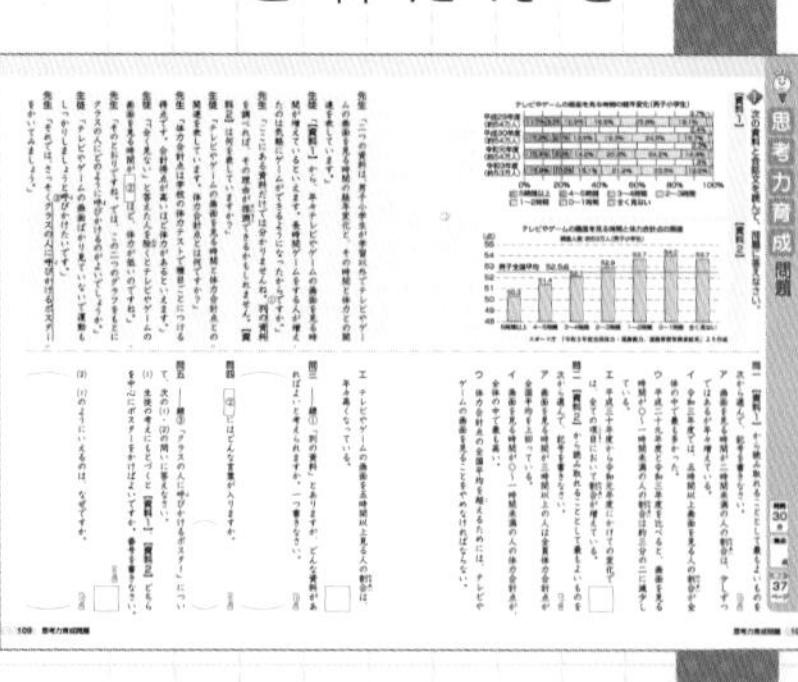

ヒント

標準レベルには問題を解くためのヒントがあります。解き方のポイントや注目すべき点などが書いてありますので、参考にしながら解いてみましょう。

とりはずし式　答えと考え方

ていねいな解説で、解き方や考え方をしっかりと理解することができます。まちがえた問題は、時間をおいてから、もう一度チャレンジしてみましょう。

注意する言葉

読解問題の文章から、覚えておきたい言葉を取り上げています。辞書で意味を調べて、語彙力をみがきましょう。

『トクとトクイになる！小学ハイレベルワーク』は，教科書レベルの問題ではもの足りない，難しい問題にチャレンジしたいという方を対象としたシリーズです。段階別の構成で，無理なく力をのばすことができます。問題にじっくりと取り組むという経験によって，知識や問題を解く力だけでなく，「考える力」「判断する力」「表現する力」の基礎も身につき，今後の学習をスムーズにします。

ハイレベル

少し難度の高い問題を練習して、応用力を養うためのステージです。ハイレベルな問題を解くことで、実力の完成をめざします。

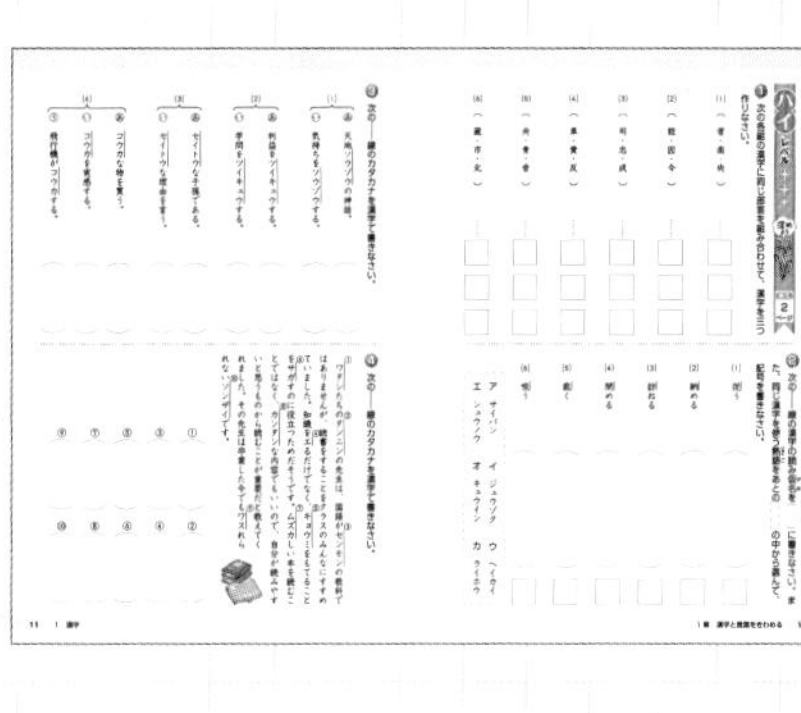

チャレンジテスト

テスト形式で、章ごとの学習内容を確認するステージです。時間をはかって取り組んでみましょう。発展的な問題にも挑戦することで、実践力を養うことができます。

役立つふろくで、レベルアップ！

1 トクとトクイに！ しあげのテスト

この本で学習した内容が確認できる、まとめのテストです。学習内容がどれくらい身についたか、力を試してみましょう。

2 一歩先のテストに挑戦！ 自動採点CBT

コンピュータを使用したテストを体験することができます。専用サイトにアクセスして、テスト問題を解くと、自動採点によって得意なところ（分野）と苦手なところ（分野）がわかる成績表が出ます。

「CBT」とは？

「Computer Based Testing」の略称で、コンピュータを使用した試験方式のことです。受験、採点、結果のすべてがWEB上で行われます。

専用サイトにログイン後、もくじに記載されているアクセスコードを入力してください。

https://b-cbt.bunri.jp

※本サービスは無料ですが，別途各通信会社からの通信料がかかります。
※推奨動作環境：画角サイズ　10インチ以上　　横画面
［PCのOS］Windows10以降　　［タブレットのOS］iOS14以降
［ブラウザ］Google Chrome（最新版）　Edge（最新版）　safari（最新版）
※お客様の端末およびインターネット環境によりご利用いただけない場合，当社は責任を負いかねます。
※本サービスは事前の予告なく，変更になる場合があります。ご理解，ご了承いただきますよう，お願いいたします。

1章 漢字と言葉をきわめる
▼8〜21ページ

同訓異字・同音異義語

- 同訓異字…同じ訓読みをするが、異なる漢字で書くもの（例 治める・修めるなど）
- 同音異義語…同じ音読みをするが、異なる意味をもつ語（例 開放・解放など）
- どの漢字を使うかわからない場合は、その漢字の別の読み方や使い方を考えてみましょう。

熟語の成り立ち

- 似た意味をもつ漢字の組み合わせ（例 消費・清潔など）
- 反対や対の意味をもつ漢字の組み合わせ（例 上下・長短など）
- 上の漢字の意味が下の漢字の意味を修飾する関係にあるもの（例 大作など）
- 上の漢字が動作や作用を、下の漢字が「〜を」「〜の」に当たる意味（対象）を表しているもの（例 登山など）
- 上の漢字が、下の漢字の意味を打ち消しているもの（例 無視・未熟など）
- 上の漢字が「〜は」「〜が」に当たる意味（主語）を、下の漢字が動作や作用（述語）を表しているもの（例 県立など）

2章 言葉のきまりをきわめる
▼22〜35ページ

品詞分類表

- 単語
  - 自立語
    - 活用がある — 述語になる（＝用言）
      - 動詞　例 泳ぐ
      - 形容詞　例 楽しい
      - 形容動詞　例 安全だ
    - 活用がない
      - 主語になる（＝体言）
        - 名詞　例 学校
      - 修飾語になる
        - 副詞　例 やや
        - 連体詞　例 あの
      - 接続語になる
        - 接続詞　例 だが
      - 独立語になる
        - 感動詞　例 あら
  - 付属語
    - 活用がある
      - 助動詞　例 です
    - 活用がない
      - 助詞　例 の

主な敬語の一覧

	尊敬語	謙譲語
言う	おっしゃる	申す・申しあげる
食べる	めしあがる	いただく
行く	いらっしゃる	参る・うかがう
いる	いらっしゃる	おる
見る	ご覧になる	拝見する
する	なさる	いたす

3章 物語文をきわめる

▼36～51ページ

物語文の読み取り方

(1) 登場人物をとらえます。

● 文章中に出てくる人の名前や、名前を表す表現に着目します。

● 登場人物の言動などから、関係性をとらえます。

(2) 場面・情景をとらえます。

＊場面…その場の様子のこと。

＊情景…心情が表れている、風景や場面の様子のこと。

● **「いつ」「どこで」「だれが（登場人物）」「どうした（出来事）」**の四つに注意してとらえます。

(3) 心情をとらえます。

● 次のようなところに着目します。

・「うれしい」「悲しい」など、**気持ちを表す言葉**。

・登場人物の**会話**や**心の中の声**。

・登場人物の**表情**や**行動**、**様子**。

・**情景**のえがかれ方。

(4) 心情の移り変わりをとらえます。

● **場面が変わる**と、気持ちが変わることがあります。場面は、次のようなところで変わります。

・時間がたつ。　・場所が変わる。

・新しい人物が出てくる。

● **心情が変わったきっかけ**をつかみます。次のようなことがきっかけになります。

・新しく起きた出来事。　・他の人の言葉や行動。

・登場人物自身の新しい行動。

(5) 人物像をとらえます。

＊人物像…その人物の人がらや性格のこと。

● **性格を表す言葉**、**会話の内容や話し方**、**行動や様子**、周りの人からの評価などに着目します。

(6) 主題をとらえます。

● 登場人物の言動から、作品全体のテーマ（主題）に着目します。

4章 随筆文をきわめる

▼52～57ページ

随筆文の読み取り方

＊随筆…筆者の体験を通して、感想や考えを述べた文章。

(1) 文章の構成をとらえます。

● 接続語や文末表現に着目し、**事実が述べられている部分**と**感想が述べられている部分**を見分けます。

(2) 主題をとらえます。

● **感想が述べられている部分**から、主題をとらえます。

5章　説明文をきわめる

▼58〜73ページ

説明文の読み取り方

(1) **事実と意見をとらえます。**

＊事実…実際に起こったこと。

＊意見…（筆者の）考えていること。

● **「〜だ・です（事実）」「〜と思う・考える（意見）」**のような文末表現に着目します。

(2) **要点をとらえます。**

＊要点…文章や段落の中心的な内容のこと。

●くり返し出てくる言葉や接続語、文末表現などに着目して、**文の役割**をとらえます。

●文の役割をとらえたら、**段落の中心となる文**（くり返し出てくる言葉がふくまれていることが多い）に着目して要点をおさえます。

●要点は、**「つまり」「だから」などの接続語の後に書かれることが多い**ので、これらの言葉に着目します。

(3) **段落関係をとらえます。**

＊形式段落…文の初めを一字下げたところから、改行までのまとまり。

＊意味段落…文章を、内容や意味のまとまりに分けたもの。

段落関係のとらえ方

①**話題**を読み取る。

②**形式段落ごとの要点**をとらえる。

③**意味段落**をとらえる。

●話題を示している段落、具体的に説明している段落、まとめを述べている段落などに分けられます。

●段落の関係は、**キーワードや接続語、指示語の働き**に着目してとらえます。

(4) **文章を要約します。**

＊要約…段落や文章全体の要点を短くまとめたもの。

●具体例や引用、付け加えられた内容などは省き、**中心段落の要点**をまとめます。

(5) **要旨をとらえます。**

＊要旨…筆者がその文章で最も伝えたい内容や考えのこと。

● **文章の組み立て**をとらえます。多くの文章は、「**話題→説明→結論**」という組み立てになっています。それぞれの段落がどこに当てはまるのかをとらえます。

● **結論にある筆者の意見や主張**をとらえてまとめます。

●要旨は、話題と結論をまとめて、「○○（話題）は△△である（結論）」という形で表すことができます。

6章 詩・短歌・俳句をきわめる

▼74〜79ページ

表現技法

● 比喩…あるものを別のものにたとえる表現。直喩、隠喩、擬人法があります。

＊直喩…「ようだ」などを使ってたとえる。

例 ソフトクリームのような雲だ。

＊隠喩…「ようだ」などを使わずにたとえる。

例 地球は命を乗せる船だ。

＊擬人法…人ではないものを人に見立てる。

例 山が笑う。

● 倒置法…語順を入れかえて、意味を強調します。

例 やめなさい、そんなことは。

● 体言止め…行の終わりを体言(名詞)で止めて、余韻を残します。

例 立ち上るひと筋のけむり。

● 反復法…同じ言葉をくり返して、印象を強めます。

例 青い青い海が広がる。

● 対句法…構成がよく似た、対になる表現を並べて印象を強めます。

例 風がそよそよとふき　花びらがひらひらとまう。

短歌・俳句の基本

● 短歌は、五・七・五・七・七の三十一音から成り、五・七・五を上の句、七・七を下の句といいます。

● 俳句は、五・七・五の十七音から成ります。

● 句切れ…意味や調子の切れ目のことをいいます。

- 短歌　初句切れ、二句切れ、三句切れ、四句切れ、句切れなしがある。
- 俳句　初句切れ、二句切れ、句切れなしがある。

● 切れ字…感動の中心となる部分を表します。「や」「かな」「けり」などがあります。

● 季語…季節を表す言葉で、一つの俳句の中に一つ入るのが基本です。(例 桜→春・もみじ→秋など)

7章 古文を味わう

▼80〜83ページ

古文の言葉

＊歴史的仮名づかい…かつて使われていた仮名づかい。

● 歴史的仮名づかいを現代仮名づかいに直す場合には、いくつかのきまりがあります。(例 語頭以外の「はひふへほ」→「わいうえお」など)

● 古文の言葉には、現代とは意味の異なる言葉があります(例 「かなし」＝「かわいい」など)

1 漢字

標準レベル

確かめよう

答え 2ページ

1 次の漢字の部首名を（　）に書きなさい。また、その部首の意味の説明として正しいものをあとから選んで、□に記号を書きなさい。

(1) 郷（　　）□

(2) 賃（　　）□

(3) 割（　　）□

(4) 欲（　　）□

ア 刀や刃物(はもの)に関すること。

イ 人の住む土地。

ウ 口を大きく開けた姿(すがた)。

エ 衣服に関すること。

オ お金に関すること。

カ 土が積み上げられた場所。

2 次の――線の漢字の読み仮名(がな)を書きなさい。

(1)
㋐ 去年の同じ月の降水量を調べる。
㋑ 天気が悪いため山から降りる。

㋐（　　）㋑（　　）

(2)
㋐ 電子マネーで決済をする。
㋑ 急いで用事を済ませる。

㋐（　　）㋑（　　）

(3)
㋐ こわれた道具を補修して使う。
㋑ 仲間と欠点を補いあう。

㋐（　　）㋑（　　）

(4)
㋐ 決められたルールを厳密に守る。
㋑ 厳しい練習を通して成長をする。

㋐（　　）㋑（　　）

知っトク！ポイント 4ページ

学習した日　月　日

3 次の――線のカタカナを漢字で書きなさい。

(1)
- ㋐ イベントにソナえる。
- ㋑ お墓に花をソナえる。

(2)
- ㋐ 仏の教えをトく。
- ㋑ 難(むずか)しい問題をトく。

(3)
- ㋐ 海外の会社にツトめる。
- ㋑ 成績を上げることにツトめる。
- ㋒ 会計委員をツトめる。

(4)
- ㋐ 席の場所をウツす。
- ㋑ ノートを書きウツす。
- ㋒ 画面に景色をウツす。

4 送り仮名(がな)の付け方の正しいほうを選んで、記号を書きなさい。

(1) ア 暖かい　イ 暖たかい

(2) ア 営なむ　イ 営む

(3) ア 快よい　イ 快い

(4) ア 退く　イ 退ぞく

(5) ア 縮む　イ 縮ぢむ

(6) ア 頂く　イ 頂だく

(7) ア 確める　イ 確かめる

(8) ア 尊い　イ 尊とい

(9) ア 誤まる　イ 誤る

(10) ア 至たる　イ 至る

(11) ア 幼ない　イ 幼い

(12) ア 乱れる　イ 乱る

1 次の各組の漢字に同じ部首を組み合わせて、漢字を三つ作りなさい。

(1)〔者・楽・央〕……□□□

(2)〔能・因・今〕……□□□

(3)〔司・志・成〕……□□□

(4)〔車・貴・反〕……□□□

(5)〔央・青・音〕……□□□

(6)〔蔵・市・北〕……□□□

2 次の——線の漢字の読み仮名(がな)を（　）に書きなさい。また、同じ漢字を使う熟語(じゅくご)をあとの□の中から選んで、記号を書きなさい。

(1) 従う（　）□

(2) 納める（　）□

(3) 訪ねる（　）□

(4) 閉める（　）□

(5) 裁く（　）□

(6) 吸う（　）□

ア　サイバン	イ　ジュウゾク	ウ　ヘイカイ
エ　シュウノウ	オ　キュウイン	カ　ライホウ

学習した日　月　日

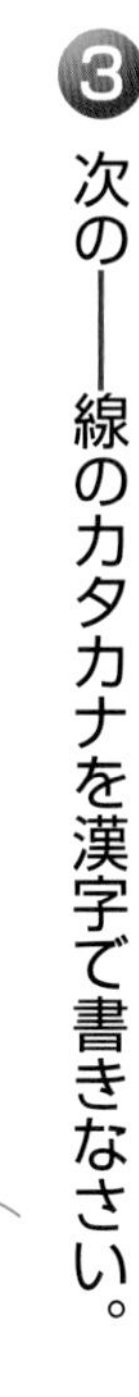

3 次の——線のカタカナを漢字で書きなさい。

(1)
あ 天地ソウゾウの神話。
い 気持ちをソウゾウする。

(2)
あ 利益をツイキュウする。
い 学問をツイキュウする。

(3)
あ セイトウな子孫である。
い セイトウな理由を言う。

(4)
あ コウカな物を買う。
い コウカを実感する。
う 飛行機がコウカする。

4 次の——線のカタカナを漢字で書きなさい。

①ワタシたちの②タンニンの先生は、国語が③センモンの教科ではありませんが、読書をすることをクラスのみんなにすすめていました。知識を④エるだけでなく、⑤キョウミをもてることを⑥サガすのに役立つためだそうです。⑦ムズカしい本を読むことではなく、⑧カンタンな内容でもいいので、自分が読みやすいと思うものから読むことが重要だと教えてくれました。その先生は卒業した今でも⑨ワスれられない⑩ソンザイです。

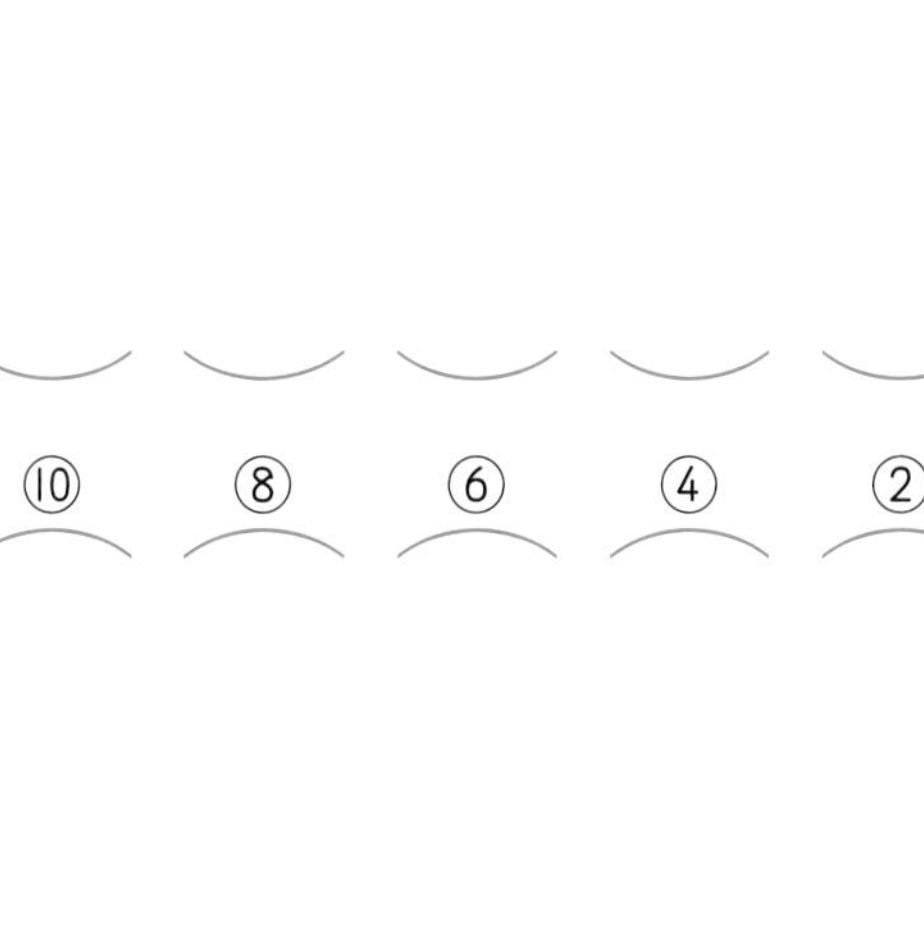

① ② ③ ④ ⑤ ⑥ ⑦ ⑧ ⑨ ⑩

2 熟語

標準レベル

答え 3ページ

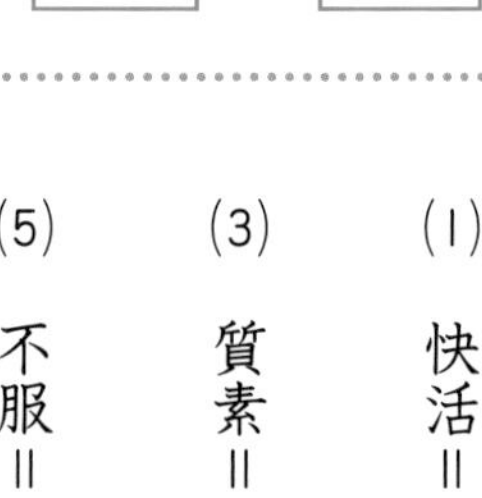

1 次の熟語の成り立ちをあとから選んで、記号を書きなさい。

(1) 市営 □　(2) 曲線 □

(3) 賛否 □　(4) 就職 □

(5) 尊敬 □　(6) 観劇 □

(7) 自己 □　(8) 授受 □

ア 意味の似た漢字の組み合わせ
イ 意味が対になる漢字の組み合わせ
ウ 上の字が主語、下の字が述語となる組み合わせ
エ 上の字が動作を、下の字が対象を表す組み合わせ
オ 上の字が下の字を修飾する関係にある組み合わせ

知っトク！ポイント 4ページ

学習した日　月　日

2 次の□に漢字を書き入れて、類義語と対義語を完成させなさい。

〈類義語〉

(1) 快活＝明□　(2) 重荷＝負□

(3) 質素＝□素　(4) 価格＝□段

(5) 不服＝□議

〈対義語〉

(1) 安全↔□険　(2) 拡大↔□小

(3) 保守↔□新　(4) 秩序↔混□

(5) 人工↔自□

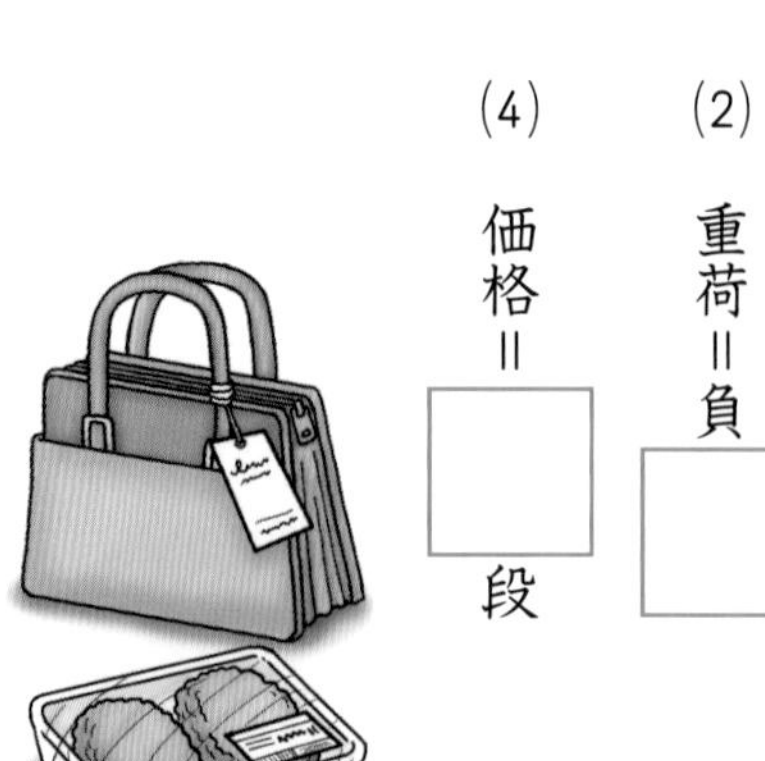

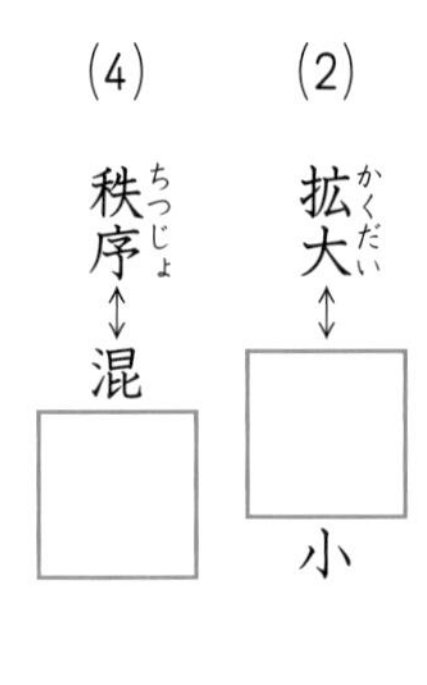

3 次の□に〔非・不・未・無〕のいずれかを書き入れて正しい三字熟語を完成させなさい。

(1) □完成
(2) □条件
(3) □常識
(4) □確認
(5) □安定
(6) □効率
(7) □発達
(8) □責任
(9) □公平
(10) □日常
(11) □期限
(12) □規則

4 次の意味を表す四字熟語を、あとの□の中の漢字を書き入れて、完成させなさい。

(1) 状況に合わせた行動をとること。
□機□変

(2) うそか本当かの判断に迷うこと。
半□半□

(3) 多くの人の意見が同じになること。
異□同□

(4) 気持ちや行いが正しくすばらしいこと。
□行□正

(5) 複雑な物事をあざやかに解決すること。
□刀□麻

快	音	方	信	乱	臨	口	品	疑	応

1 次の熟語と成り立ちが同じものを、あとのア～オの中から選んで、記号を書きなさい。

(1) 平等 [　]　(2) 取捨 [　]

(3) 開場 [　]　(4) 難曲 [　]

(5) 公私 [　]　(6) 市立 [　]

(7) 最善 [　]　(8) 増加 [　]

(9) 国営 [　]　(10) 建設 [　]

(11) 得失 [　]　(12) 染色 [　]

ア 読書　イ 終始　ウ 屋内　エ 苦痛　オ 年長

2 次の各組のあは、――線のカタカナを漢字で書き、いは、（　）に入るあの対義語になる二字熟語を書きなさい。

(1)
- あ 友人にもヒミツにしている。（　　）
- い 問題の情報を（　）する。（　　）

(2)
- あ セイジツな対応をする。（　　）
- い （　）な行動を非難する。（　　）

(3)
- あ 休み時間をエンチョウする。（　　）
- い 走るきょりが（　）された。（　　）

(4)
- あ コンナンな道を選ぶ。（　　）
- い （　）に対策ができる。（　　）

学習した日　月　日

3 次の意味を表す三字熟語(さんじじゅくご)を□に漢字を書き入れて完成させなさい。また、その成り立ちをあとから選んで、記号を書きなさい。

(1) 人間の生活の基礎(きそ)となるもの。
□□住　□

(2) 先入観にとらわれたものの見方のこと。
□眼□　□

(3) うそをつくこと。
二□□　□

(4) 集団を中心で支える人物のこと。
大□□　□

(5) 高圧的な態度をとること。
□飛□　□

ア 二字熟語(にじじゅくご)の前に一字加えたもの。
イ 二字熟語(にじじゅくご)の後に一字加えたもの。
ウ 三字が並立(へいりつ)の関係になっているもの。

4 次の意味を表す四字熟語(よじじゅくご)をあとの□の中から選んで、漢字で書きなさい。

(1) 世間からはなれて自由に生活すること。

(2) 気をゆるめると思わぬ失敗をしてしまうこと。

(3) 文章や話が筋道(すじみち)だっていること。

(4) 物事を実際よりおおげさに伝えること。

(5) 同じ程度に正しい二つの事がらが対立すること。

せいこううどく　しんしょうぼうだい　りろせいぜん
にりつはいはん　ゆだんたいてき

3 言葉の意味

標準レベル

確かめよう

答え 4ページ

1 次のことわざの（　）に入る言葉を（　）に書きなさい。また、その意味の説明として正しいものをあとから選んで、□に記号を書きなさい。

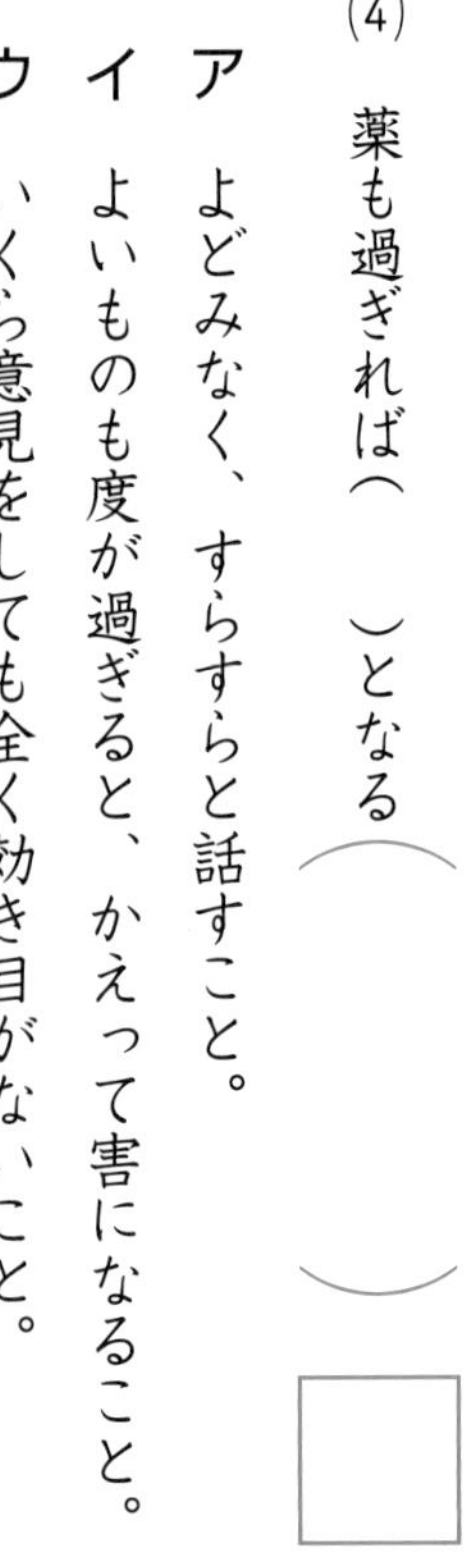

(1) （　）の耳に念仏　（　　）□

(2) 立て板に（　）　（　　）□

(3) （　）から出たさび　（　　）□

(4) 薬も過ぎれば（　）となる　（　　）□

ア　よどみなく、すらすらと話すこと。
イ　よいものも度が過ぎると、かえって害になること。
ウ　いくら意見をしても全く効き目がないこと。
エ　自分の行いのせいでよくないことが起こること。

2 次の故事成語の（　）に入る言葉を（　）に書きなさい。また、その意味の説明として正しいものをあとから選んで、□に記号を書きなさい。

知っトク!ポイント 4ページ

(1) 他山(たざん)の（　）　（　　）□

(2) 漁夫の（　）　（　　）□

(3) 塞翁(さいおう)が（　）　（　　）□

(4) 蛍雪(けいせつ)の（　）　（　　）□

(5) 光陰(こういん)（　）のごとし　（　　）□

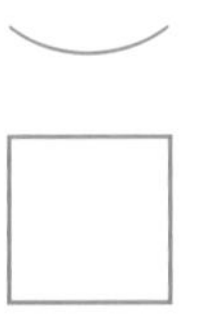

ア　人生の吉凶(きっきょう)は簡単(かんたん)に決められないこと。
イ　自分の助けとなる他人の誤(あやま)った言葉や行い。
ウ　苦労して勉強にはげみ、また、その成果が出ること。
エ　本人たちが争ううちに関係ない人が利益を得ること。
オ　月日がたつのはたいへん早いこと。

学習した日　月　日

3 次の——線の慣用句の使い方が正しいものには○を、正しくないものには×を書きなさい。

(1) 素晴(すば)らしい景色に思わず息をのんだ。 □

(2) うつつをぬかしてぼんやりと過ごす。 □

(3) 知り合ってすぐなので気が置けない。 □

(4) かれとけんかをした過去を水に流す。 □

(5) 自分のことをたなに上げて人に注意をする。 □

(6) 血もなみだもないやさしい人。 □

(7) 彼女(かのじょ)を尊敬(そんけい)して白い目で見る。 □

(8) 取りつく島もなく断られてしまった。 □

(9) 困(こま)ったことが起き、腹(はら)をかかえている。 □

4 次の各文の——線の言葉と、最も近い意味で使われているものを、それぞれあとから選んで、記号で書きなさい。

(1) 明るい表情の人。

ア 部屋が明るい。

イ 地理に明るい。

ウ 性格が明るい。

エ 太陽が明るい。

□

(2) 頭を切りかえる。

ア ペットの頭をなでる。

イ 失敗して頭を丸める。

ウ 週の頭から始める。

エ 頭の回転がはやい。

□

(3) 考えがあまい。

ア 花のあまい香り。

イ 見通しがあまい人。

ウ あまい話に乗る。

エ ジュースがあまい。

□

(4) 情に厚い人。

ア 厚いもてなしを受ける。

イ 父が厚い本を読んでいる。

ウ あのチームは選手の層(そう)が厚い。

エ あいだを厚い鉄板でしきる。

□

ハイレベル

1 次のことわざの中から、似た意味のものの組み合わせを二組、反対の意味をもつものの組み合わせを二組つくり、記号を書きなさい。

ア 弘法(こうぼう)にも筆の誤(あやま)り
イ とびがたかを生む
ウ あとは野となれ山となれ
エ わたる世間におにはない
オ かえるの子はかえる
カ かっぱの川流れ
キ ねこに小判
ク あぶはち取らず
ケ ぶたに真珠(しんじゅ)
コ 立つ鳥あとをにごさず

〈似た意味のもの〉
□＝□　□＝□

〈反対の意味をもつもの〉
□↕□　□↕□

2 次の（　）にあてはまる故事成語をあとから選んで、記号を書きなさい。

(1) 絶対に失敗したくはないので、（　）の覚悟(かくご)で試験にのぞむつもりだ。□
(2) 今のかれにそんな言葉をかけたら、不安を（　）してしまうことになるよ。□
(3) 最後の話は（　）だったよ。もう少し早くスピーチを終えればよかったね。□
(4) どちらのやり方でも（　）だよ。やり方を今回は大きく変えてはどうだろう。□
(5) 作文はすぐに先生に提出するのではなく、（　）をしてからにしなければならない。□

ア 五十歩百歩(ごじっぽひゃっぽ)	イ 推敲(すいこう)	ウ 背水(はいすい)の陣(じん)
エ 助長(じょちょう)	オ 蛇足(だそく)	

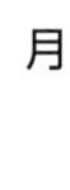
学習した日　月　日

3 次の各文が正しい意味になるように、（　）に入る言葉を書きなさい。(1)～(4)は動物の名前、(5)～(9)は体の一部分の名前が入ります。ひらがなで書いてもかまいません。

(1) （　）の額(ひたい)ほどの公園。　（　　　）

(2) 宿題の進み方は（　）の歩みだ。　（　　　）

(3) 母の（　）の一声で行き先が決まってしまった。　（　　　）

(4) 敵(てき)からにげきれず、ふくろの（　）になってしまった。　（　　　）

(5) （　）で風を切って歩く。　（　　　）

(6) （　）がすくような気分になる。　（　　　）

(7) 彼女(かのじょ)の発言に思わず（　）を打った。　（　　　）

(8) （　）に衣(きぬ)着せない言い方をする。　（　　　）

(9) 先生のアドバイスで（　）を決めた。　（　　　）

4 次の各組の文の（　）に共通して入る言葉を、ひらがなで書きなさい。

(1)
- 部屋に入り服をハンガーに（　）。
- 料理のためになべを火に（　）。
- 幼(おさな)い弟のことを気に（　）。
- つかれていすにこしを（　）。

（　　　）

(2)
- 運動会の応援(おうえん)合戦で声を（　）。
- キャンプでテントを（　）。
- 友人の前でついみえを（　）。
- 冬になり池に氷が（　）。

（　　　）

(3)
- たくさんの寄付を役に（　）。
- 防止するための対策(たいさく)を（　）。
- 工事の目印として棒(ぼう)を（　）。
- いやなことを言われて腹(はら)を（　）。

（　　　）

(4)
- 友人と出会って話が（　）。
- お礼のためのお金を（　）。
- 打ったボールが（　）。
- 遠足で気持ちが（　）。

（　　　）

チャレンジテスト　1章　漢字と言葉をきわめる

学習した日　　月　　日

時間15分　得点　　点　答え5ページ

1 次の——線のカタカナを漢字で書きなさい。 一つ4〔36点〕

(1) 川のゲンリュウを調査する。
(2) ナイカク総理大臣が決まる。
(3) 道端（みちばた）のお地蔵様（じぞうさま）をオガむ。
(4) 先生の指導でフンキする。
(5) マドから外を見る。
(6) 列車のケイテキが聞こえる。
(7) 母のクチベニを手に取る。
(8) たなに食器をオサめる。
(9) キヌオリモノが特産である。

2 次の——線のことわざの使い方が正しいものには○を、まちがっているものには×をそれぞれ書きなさい。 一つ4〔28点〕

(1) やなぎの下にいつもどじょうはいないので、地道に努力を重ねる。
(2) 今回の主役は、かれに白羽の矢が立った。
(3) そんな遠回しなやり方では物事は進まない。二階から目薬だ。
(4) 先生におこられたことでとても落ちこみ、のれんにうでおしをしたような状態になった。
(5) 細かいことにこだわりすぎて、木を見て森を見ずとならないように気をつけよう。
(6) 旅のはじはかき捨て（す）というから、慎重（しんちょう）に行動をしている。
(7) 弟が注意されたことを、対岸の火事と思い全く気にしていない。

3 次の文章を読んで、問題に答えなさい。

ぼくと太郎くんは①とても仲が良く、何をするにもいっしょに行動していました。クラブ活動も同じ野球クラブに所属して、ともに［あ］をしていました。そのうち、太郎くんは②チイキの代表選手になるための③重要なテストを受けることを、クラブのかんとくからすすめられるようになるほど、野球の才能を④ハッキしました。しかし、練習中にけがをしてしまったことが原因で、クラブを辞めることになってしまいました。

⑤とてもつらかったはずなのですが、太郎くんは朗らかに笑って

「ぼくの分までがんばってくれよ」

と言い、使っていた野球道具をぼくに⑥アズけてくれたのです。

太郎くんが大事に使っていた道具だったので、はじめは使うことに二の［い］をふんでいたのですが、太郎くんの気持ちをむだにしないためにも、練習でその道具を使うことに決めました。その後、ぼくも代表選手に選ばれましたが、そのことを［う］にかけずに努力を続けられたのは、太郎くんのくやしさを知っているからです。

(1) ――線①・③・⑤の様子を表す故事成語をあとの［　］の中から選んで、記号を書きなさい。 一つ4（12点）

ア 断腸の思い	イ 蛍雪の功
ウ 登竜門	エ 和して同ぜず
オ 逆鱗にふれる	カ 水魚の交わり

① ［　］　③ ［　］　⑤ ［　］

(2) ［あ］に入るものとして最もよい四字熟語を次から選んで、記号を書きなさい。 （4点）

ア 付和雷同　イ 切磋琢磨
ウ 大言壮語　エ 平身低頭

［　］

(3) ――線②・④・⑥のカタカナをそれぞれ漢字で書きなさい。 一つ4（12点）

②（　　）　④（　　）　⑥（　　）

(4) ［い］・［う］に入る漢字一字を書きなさい。 一つ4（8点）

い ［　］　う ［　］

4 文の組み立て

標準レベル

確かめよう

答え 6ページ

1 〈例〉にならって文節に分けたとき、その分け方として正しいものを各組の中から選んで、記号を書きなさい。

〈例〉 私は／よく／図書館に／行く。

(1)
ア 兄は／昨日まで／旅行で／留守／だっ／た。
イ 兄は／昨日まで／旅行／で／留守だっ／た。
ウ 兄は／昨日／まで／旅行で／留守だった。
エ 兄は／昨日まで／旅行で／留守だった。

(2)
ア みんな／うれしそうに／歩いて／いる。
イ みんな／うれしそうに／歩いている。
ウ みんな／うれし／そうに／歩いて／いる。
エ みんな／うれしそうに／歩い／ている。

(3)
ア かれは／質問を／して／みる／ようだ。
イ かれは／質問を／して／みる／よう／だ。
ウ かれは／質問を／してみる／ようだ。
エ かれは／質問を／して／みるようだ。

2 次の各文の主語・述語の関係をあとから選んで、記号を書きなさい。

(1) 店頭に 私の ほしい ぬいぐるみが あった。

(2) 秋の 天気は ころころと よく 変わる。

(3) 夜の 海岸は 暗くて とても 静かだ。

(4) 私の 弟は 春から 小学一年生だ。

(5) 家の 周りに あんなに 高い 木は なかった。

(6) 激しい 勢いで 降って いた 雨が あがった。

ア 何が(は) ― どうする。
イ 何が(は) ― どんなだ。
ウ 何が(は) ― 何だ。
エ 何が(は) ― ある(いる・ない)。

知っトク! ポイント 4ページ

学習した日 月 日

3 次の各文から主語と述語を選んで、記号を書きなさい。

(1) ア寒かったので　イ私(わたし)は　ウ外出を　エしなかった。

主語 □　述語 □

(2) ア美しい　イ花が　ウ庭に　エいっぱい　オさいた。

主語 □　述語 □

(3) ア野球大会には　イきっと　ウ私(わたし)も　エ参加する。

主語 □　述語 □

(4) ア忘(わす)れない、イ私(わたし)は　ウあの　エ日の　オ出来事を。

主語 □　述語 □

(5) アかれこそ　イクラス委員に　ウふさわしい　エ人物だ。

主語 □　述語 □

4 次の——線の文節が修飾(しゅうしょく)している文節を、それぞれあとから選んで、記号を書きなさい。

(1) 昨日、買い物の　途中(とちゅう)で、私(わたし)は　母の　友人に　会った。

ア 私(わたし)は　イ 母の　ウ 友人に　エ 会った

□

(2) リンゴの　ほんのりと　香る　白い　花が　満開に　なった。

ア ほんのりと　イ 香(かお)る　ウ 花が　エ なった

□

(3) 地下には　かつて　この　地に　栄えた　古代都市が　ねむって　いる。

ア この　イ 地に　ウ 栄えた　エ 古代都市が

□

(4) たとえ　どんな　ことが　あっても　私(わたし)は　必ず　約束を　守る。

ア どんな　イ ことが　ウ あっても　エ 私(わたし)は

□

ハイレベル 深めよう

答え 6ページ

1 〈例〉にならって⑴は文節、⑵・⑶は単語に分けたとき、その分け方として正しいものを、各組の中から選んで、記号で書きなさい。

〈例〉姉と／いっしょに／買物に／行く。

⑴
ア 難／しい／漢字／を／何度／も／練習／する。
イ 難しい／漢字／を／何度／も／練習する。
ウ 難しい／漢字を／何度も／練習する。
エ 難しい／漢字を／何度も／練習／する。

〈例〉姉／と／いっしょ／に／買物／に／行く。

⑵
ア 昼／休み／は／みんなで／外／で／遊ぼう。
イ 昼／休み／は／みんな／で／外／で／遊ぼう。
ウ 昼休み／は／みんな／で／外／で／遊ぼう。
エ 昼休み／は／みんな／で／外／で／遊ぼ／う。

⑶
ア 母は／市役所／へ／行った／よう／だ。
イ 母／は／市／役所／へ／行っ／た／ようだ。
ウ 母／は／市役所／へ／行っ／た／ようだ。
エ 母／は／市役所／へ／行った／よう／だ。

2 次の——線の文節の役割をあとから選んで、記号を書きなさい。

⑴ 公園には大きなすべり台がある。
⑵ 先生、私の作品をご覧ください。
⑶ その問題の解き方はだれも分からなかった。
⑷ 風が強くなった。また、雨まで降りだした。
⑸ とてもおどろいた、あの人の行動には。
⑹ もし雨が降れば、遠足は延期になります。
⑺ 五月五日、それはこどもの日です。
⑻ かれはいつも人にやさしい言葉をかける。

ア 主語　イ 述語　ウ 修飾語
エ 接続語　オ 独立語

学習した日　月　日

3 次の各文の――線の文節と文節の関係をあとから選んで、記号を書きなさい。

(1) いい 天気だったので、私は 散歩に 行った。
㋐
㋑

(2) 父と 母は 毎朝 公園を 走って いる。
㋐
㋑

ア 主語・述語の関係　イ 修飾・被修飾の関係
ウ 対等(並立)の関係　エ 補助・被補助の関係

4 次の文の構造の種類をあとから選んで、記号で書きなさい。

明日は妹の誕生日なので、私はデパートへプレゼントを買いに行った。

ア 単文　イ 重文　ウ 複文

5 次の各文の――線の文節と文節の関係と同じものを、あとから全て選んで、記号を書きなさい。

(1) 週末は みんなで 海か 山に 行きたい。
(2) その 番組は それほど おもしろく ない。
(3) 明日は 週に 一回の 図書委員会の 日だ。
(4) とても 小さな 魚が うれしそうに 泳いで いる。

ア 太陽が、雨に ぬれた 木々を 照らして いる。
イ 毎日、私は 教室の 花びんの 水を かえる。
ウ じょうぶな 生地で 大きな 旗を 作った。
エ お弁当なら、そこに 置いて あるよ。
オ 祖父は やさしくて 力持ちだった。
カ 春が 来て、花の つぼみも ふくらんだ。
キ 来年こそ あの 山に 登って みたい。

(1)　(2)　(3)　(4)

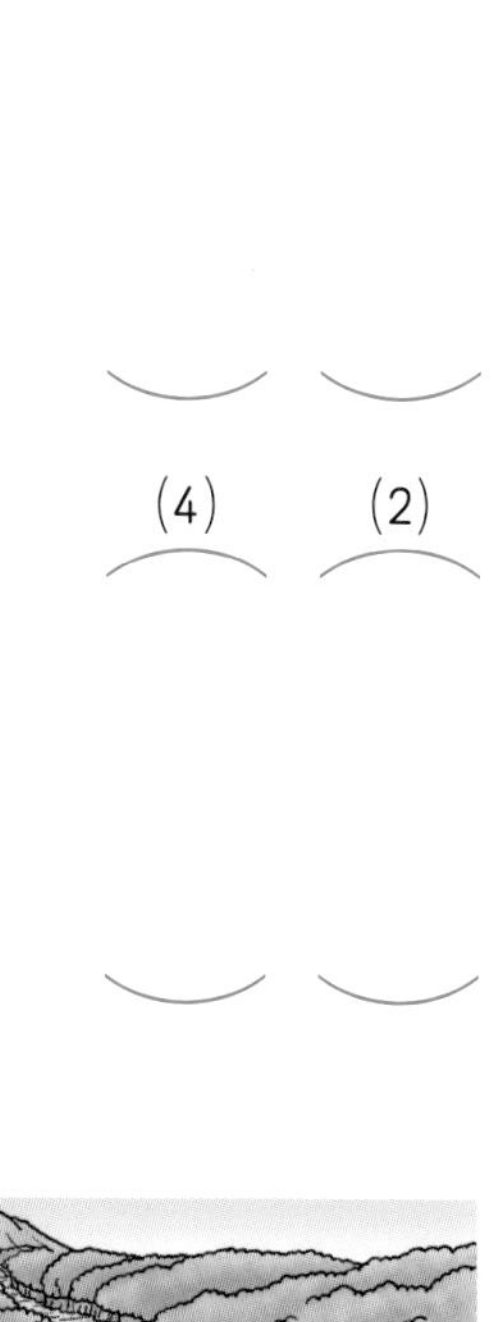

5 単語の分類

標準レベル

確かめよう 答え 7ページ

1 次の表の［(1)］～［(5)］にあてはまる品詞名を、あとから選んで記号を書きなさい。

〈品詞分類表〉

- 単語
  - 自立語
    - 活用がある ― 述語になる ＝用言
      - ［(1)］ 例 泳ぐ …言い切りの形が、ウ段の音で終わる。
      - 形容詞 例 楽しい …言い切りの形が、「い」で終わる。
      - 形容動詞 例 安全だ …言い切りの形が、「だ」「です」で終わる。
    - 活用がない
      - 主語になる ＝体言 ― ［(2)］ 例 学校 …ものの名前や事がらを表す。
      - 修飾語になる
        - ［(3)］ 例 もっと …主として用言を修飾する。
        - ［(4)］ 例 あんな …体言を修飾する。
      - 接続語になる ― 接続詞 例 だから …文と文・文節と文節などをつなぐ。
      - 独立語になる ― 感動詞 例 あら …感動・よびかけ・あいさつなどを表す。
  - 付属語
    - 活用がある ― 助動詞 例 らしい …用言・体言などに意味をそえる。
    - 活用がない ― ［(5)］ 例 の …語と語の関係を示したり、細かい意味をそえたりする。

ア 助詞　イ 副詞　ウ 連体詞　エ 動詞　オ 名詞

(1) ［　］　(2) ［　］　(3) ［　］　(4) ［　］　(5) ［　］

2 次の――線の用言を言い切りの形に直し（　）に書いて、品詞名をあとから選んで、［　］に記号を書きなさい。

(1) 早朝の公園は、とても静かで落ち着く。（　　）［　］

(2) 約束の時間なのに友達が来ない。（　　）［　］

(3) 先日のパーティーはとても楽しかった。（　　）［　］

(4) まぶしくかがやく太陽が海を照らしていた。（　　）［　］

(5) あの人はおだやかな性格の人だ。（　　）［　］

ア 動詞　イ 形容詞　ウ 形容動詞

知っトク!ポイント 4ページ

学習した日　月　日

3 次の種類の名詞をあとの□の中から全て選んで、分類して書きなさい。

(1) 普通名詞（　　　　）

(2) 固有名詞（　　　　）

(3) 数詞（　　　　）

(4) 代名詞（　　　　）

一人　時間　私　五等　清水寺　かれ
北海道　キリン　これ　緑茶　三匹　富士山
あちら　織田信長　運動会

4 次の文の――線の単語が、助動詞の場合はアを、助詞の場合はイを、それ以外の場合はウを書きなさい。

(1) この建物の五階が父の会社です。□

(2) 鳥のさえずりが森のおくから聞こえる。□

(3) この川は見かけによらず深い。□

(4) 天まで届きそうな高さのビルだ。□

(5) あの子はどんなときでも元気がよい。□

(6) 弟はよくいたずらをしてしかられる。□

(7) 新幹線で京都まで行く。□

(8) 冷蔵庫に入れておいたプリンがない。□

1 次の――線の単語の品詞名を下の□の中から選んで、□に記号を書きなさい。

(1) すくすくと育つ。 □

(2) 命令されるのはいやだ。 □

(3) 小さい犬が走っている。 □

(4) 多くの魚がいる、豊かな海。 □

(5) もしもし、田中さんですか。 □

(6) 大きなビルが建った。 □

(7) 全然うれしくない。 □

(8) 公園は落ち葉でいっぱいだ。 □

ア 名詞	イ 動詞	ウ 形容詞	エ 形容動詞	オ 副詞	カ 連体詞	キ 感動詞	ク 助動詞

2 次の各組の中から、他の三つとは種類や性質が異なる単語を一つ選んで、記号を書きなさい。

(1) ア だから　イ けれども　ウ おそらく　エ ところで □

(2) ア いろんな　イ おかしな　ウ 大きな　エ 大切な □

(3) ア ねむり　イ 食べる　ウ 話す　エ 生きる □

(4) ア 遠足　イ 琵琶湖　ウ 腕時計　エ 青空 □

(5) ア うれしい　イ 明るい　ウ 小さな　エ 悲しい □

(6) ア ここ　イ これ　ウ こちら　エ この □

学習した日　月　日

3 次の――線①～⑩の品詞名をあとから選んで、□に記号を書きなさい。また、活用する語は言い切りの形を、活用しない語は×を（　）に書きなさい。

今朝は五時前に目が覚めてしまった。少しくもり空だが、朝から私の気分は①よかった。久しぶりのとまりの旅行に②出かける日だ。今回は私の家族と、しんせきのあかねちゃんの家族といっしょに総勢で六人。となりの県の大きな海水浴場に行って、すぐ③近くのホテルにとまる予定。ちょうど今夜は花火大会が行われる④そうで、それも楽しみだ。⑤あざやかな花火が見られると思うと、⑥とてもわくわくする。

⑦そして二日目は⑧そのホテルから足をのばして、山奥のキャンプ場に⑨向かい、川の音を聞きながらバーベキューをすることになっている。「⑩ああ、楽しみだ」と私は思わずさけんでしまった。

ア 動詞　イ 形容詞　ウ 形容動詞　エ 名詞
オ 副詞　カ 連体詞　キ 接続詞　ク 感動詞
ケ 助動詞　コ 助詞

①	②	③	④	⑤	⑥	⑦	⑧	⑨	⑩
□	□	□	□	□	□	□	□	□	□
（　）	（　）	（　）	（　）	（　）	（　）	（　）	（　）	（　）	（　）

6 敬語

標準レベル

答え 8ページ

1 次の――線で使われている敬語の種類をあとから選んで、記号を書きなさい。

(1) 初めまして、私が田中です。［　］

(2) 校長先生がお話しになる。［　］

(3) 先生からお話をうかがう。［　］

(4) 教授が新しい本を書かれる。［　］

(5) 先生の荷物をお持ちする。［　］

(6) 兄は朝早くに学校へ向かいました。［　］

(7) 昼にお客様がいらっしゃる予定だ。［　］

ア 尊敬語　イ 謙譲語　ウ 丁寧語

2 次の表の(1)～(12)にあてはまる敬語をあとから選んで、記号を書きなさい。同じ記号を二回用いてもかまいません。

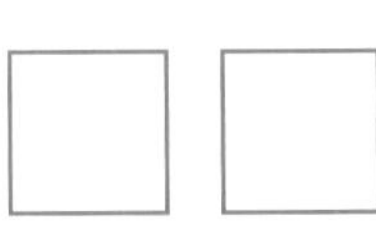

4ページ

	尊敬語	謙譲語	丁寧語
行く	(1)	(2)	行きます
来る	(3)	(4)	来ます
見る	(5)	(6)	見ます
食べる	(7)	(8)	食べます
言う	(9)	(10)	言います
する	(11)	(12)	します

ア 申す　イ なさる　ウ 参る　エ いただく　オ めしあがる　カ ご覧になる　キ いらっしゃる　ク 拝見する　ケ おっしゃる　コ いたす

学習した日　月　日

3 次の――線の敬語(けいご)は、だれに対する敬意(けいい)を表したものですか。文章中から書きぬきなさい。

(1) さやかさんが私(わたし)にくださった本は、とても参考になりました。ぜひ著者(ちょしゃ)の方に直接お話をうかがいたいです。（　　）

(2) 昨日、テレビで地元の八百屋の店主がお話しになっていました。先生はご覧(らん)になりましたか。（　　）

(3) いらっしゃいませ、お客様。今日はどのような物をお探(さが)しでしょうか。私(わたし)が店内をご案内します。（　　）

(4) みなさま、あちらに作品がございます。どうぞ近くでご覧(らん)ください。（　　）

4 次の――線の言葉を、［　］内の字数のひらがなで、尊(そん)敬語(けいご)か謙譲語(けんじょうご)に直して書きなさい。

(1) 私(わたし)は校長先生の絵を見る。［六字］

(2) 先生が言うことをしっかり聞く。［五字］

(3) 先生のお宅(たく)に行く。［四字］

(4) 先生が作品展(さくひんてん)を見る。［六字］

(5) お客様がお茶を飲む。［五字］

(6) 先生のお宅(たく)でご飯を食べる。［四字］

ハイレベル 深めよう

答え 8ページ

学習した日　月　日

1 次の各組について、それぞれ㋐の関係にならって、㋑の（　）に入る敬語を書きなさい。

(1)
㋐ 行く――参る
㋑ あたえる――（　　　）

(2)
㋐ 聞く――うかがう
㋑ 話す――（　　　）

(3)
㋐ くれる――くださる
㋑ する――（　　　）

(4)
㋐ 食べる――めしあがる
㋑ いる――（　　　）

2 次の場合の敬語の使い方として最もよいものをあとから選んで、記号を書きなさい。

(1) 社長はどちらへ
ア 出かけるのか。
イ お出かけになりなさるのですか。
ウ お出かけになりますか。

(2) 田中様、ぜひ我が家に
ア おいでください。
イ お参りください。
ウ 来てほしい。

(3) 先生には明日、
ア 会います。
イ お目にかかります。
ウ 拝見します。

(4) 兄がこれから
ア 参られます。
イ おいでになります。
ウ うかがいます。

(5) お客様、こちらの料理を
ア めしあがってください。
イ 食べてください。
ウ いただいてください。

(1) □
(2) □
(3) □
(4) □
(5) □

3 次の各文には、まちがった敬語の使い方をしている部分があります。そのまちがいの説明として最もよいものをあとから選んで、記号を書きなさい。

(1) 明日、私は先生のお宅にいらっしゃる。 □

(2) お客様は会議室で本を拝読しています。 □

(3) 全校集会で校長先生がお話しになられる。 □

(4) 姉は母からもらった着物をおめしになった。 □

(5) 先生、私たちは先に食べるね。 □

ア 必要でないところで、敬語表現を使っている。

イ 尊敬語を使うべきところで、謙譲語を使っている。

ウ 謙譲語を使うべきところで、尊敬語を使っている。

エ 敬語を使うべきところで、ふつうの言い方をしている。

オ 敬語を重ねて使っている。

4 次の手紙の中には、敬語の使い方としてまちがっている部分が二つあります。その部分を書きぬいて、正しい使い方に直して書きなさい。

拝啓

寒さもしだいにやわらいできました。先生はいかがお過ごしでしょうか。

先日、お招きいただいた際にたいへんすばらしいお庭をご覧になることができ、本当にうれしく思いました。園芸部員一同、とてもよい刺激を受けました。

来月末、茶道部と協力して、園芸部が担当している花だんを中心に「春のお花見会」を開催します。先生にはぜひ、私たちの花だんとお茶を楽しんでいただきたく思い、お手紙を差し上げました。「春のお花見会」のチケットを同封しましたので、こちらをお持ちになっておうかがいくださいさい。

それでは、お会いできる日を部員一同、楽しみにしています。

敬具

（　　　）↓（　　　）

（　　　）↓（　　　）

チャレンジテスト ２章 言葉のきまりをきわめる

学習した日　月　日

時間 20分　得点　点　答え 9ページ

1 次の文章を読んで、問題に答えなさい。

①私は毎年秋になると家族みんなで旅行に行きます。②去年は弟がかぜをひいたので中止になりましたが、今年は東北地方に行くようです。③家族でのんびりと過ごすことができるので、今年の旅行が今からとても楽しみです。

(1) ——線①の文を、／で単語に分けなさい。〔3点〕

私は毎年秋になると家族みんなで旅行に行きます。

(2) ——線②の文を、／で文節に分けなさい。〔6点〕

去年は弟がかぜをひいたので中止になりましたが、今年は東北地方に行くようです。

(3) ——線③の文から、主語と述語を書きぬきなさい。一つ3〔6点〕

主語（　　）　述語（　　）

2 次の文の組み立てを考えて、〈例〉にならって、□に入る言葉を書きなさい。一つ4〔32点〕

〈例〉勉強は　とても　楽しい。

［とても］→［楽しい］、［勉強は］→［楽しい］。

(1) 昨日の　かれは　元気が　ないように　見えた。

［あ］→［かれは］→［い］、［元気が］→［う］→［い］。

あ（　　）　い（　　）　う（　　）

(2) 妹が　作った　今日の　夕飯は　想像より　おいしかった。

［あ］→［い］→［夕飯は］、［う］→［夕飯は］→［え］、［お］→［え］。

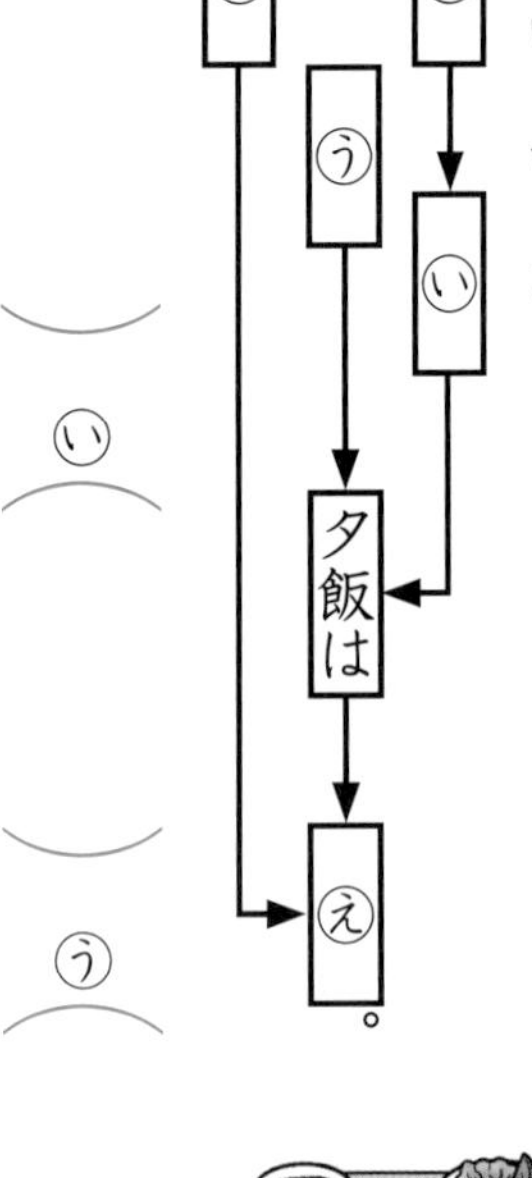

あ（　　）　い（　　）　う（　　）

え（　　）　お（　　）

3 次の――線の単語と同じ品詞（ひんし）の単語を、あとの□の中から選んで、記号を書きなさい。　一つ4〔28点〕

(1) くわしい説明がこの本に書いてある。　□

(2) あるいはそちらの方がよかったかもしれない。　□

(3) 父親の言うことを全く聞かない。　□

(4) 教えたことを守らないとけがをする。　□

(5) 海辺の町でおだやかに暮（く）らす。　□

(6) もっと大きい机（つくえ）が必要になる。　□

(7) コンピューターは正常に動いている。　□

> ここからかなり（ア）歩いた（イ）ところ（ウ）に、小さな（エ）公園がある（オ）。その公園に行き、それから（カ）信号のない（キ）道路を進むときれい（ク）な海岸に着く。

---

4 次の各文には、敬語（けいご）の使い方がまちがっている部分が二つあります。正しい表現に直して、文全体を書き直しなさい。　一つ5〔25点〕

(1) 私（わたし）がめしあがるためのお食事を準備してもらう。

（　　　　）

(2) 先生が参られるので、私（わたし）が準備をなさっている。

（　　　　）

(3) 私（わたし）のえがかれた鳥の絵を拝見（はいけん）されますか。

（　　　　）

(4) 私（わたし）のお父さんがお会いしたいとおっしゃっています。

（　　　　）

(5) 大臣が部屋に来たので、私（わたし）は席をお立ちになった。

（　　　　）

7 人物どうしの関係

標準レベル 確かめよう

答え 10ページ

知っトク！ポイント 5ページ

学習した日　月　日

1 次の文章を読んで、問題に答えなさい。

博士はサンペイ君の指示の通りに引きに合わせて釣り竿を引き上げた。でも、上がってきたのは練り餌が外れてきらきら光る釣り針だけだった。また練り餌をつけて水に落とす。すぐにアタリがあって、引き上げるも、やはり同じ。

そうこうするうちに、サンペイ君が自分の仕掛けを作って少し離れたところで釣り糸を垂れた。やはりすぐにすーっと浮きが引かれた。最初のものをサンペイ君はやりすごして、二度目に引かれた時にくいっと合わせた。①小さな銀色の光が水面に躍り出て、博士は「うわあ」と叫び声をあげた。

「こんなの雑魚の中の雑魚だ。何十匹でも釣れる」

誇張だと思っていたら、サンペイ君は次々とクチボソを釣り始めて、バケツの中はみるみる銀色の小魚だらけになった。博士は二十匹まで数えたけれど、そこから先はやめた。いわゆる「入れ食い」というやつで、それを逃さないものだから一時間もたたないうちに本当に「何十匹」にもなってしまったのだ。

②「すごいなあ、ほんとうにすごいなあ」

問一　――線①「小さな銀色の光」とありますが、これは何のことですか。文章中から二字で書きぬきなさい。

問二　――線②「すごいなあ、ほんとうにすごいなあ」とありますが、このとき博士はどんなことをすごいと思ったのですか。

問三　――線③「うれしがるふうでもなく」とありますが、このような態度をとったのは、なぜですか。理由として最もよいものを次から選んで、記号を書きなさい。

ア　小魚をたくさん釣ったことで博士をおどろかせたから。
イ　雑魚であるクチボソやタナゴしか釣れていないから。
ウ　まだ魚を一匹も釣れていない博士に気をつかったから。
エ　小魚がたくさん釣れることは当然と思っているから。

！ヒント　魚が釣れたときのサンペイ君の言葉に着目する。

博士は感嘆したけれど、サンペイ君は別に③うれしがるふうでもなく淡々と手を動かした。

「いくらだって釣れるのだよ。でも、ぼくはこうやって釣りながらイメージトレーニングを欠かさないのだ。ぼくには夢があるからね――」

「へえ、どんな夢？」

④「おい、ハカセ君」サンペイ君の声は少しうわずっていた。

「アタリが来てる。合わせるんだ」

博士はびっくりして自分の浮きを見た。ツンツンツン、と突っつくようなかんじで動いている。えっ、これってすごく地味な動きだけど本当にかかっているの？ と思って見ていると急にすいっと横に動いた。博士は釣り竿をひょいと上げた。

濡れた道糸が輝きながらこちらにちかづいてきた。そして、その下には元気よく体を振らせる小さな魚の姿があった。クチボソではなかった。もっと体が平べったくて、お腹が大きかった。

「タナゴだ。ハカセ君やるな。きょう一匹だけのタナゴだ。大したものだぞハカセ君」

サンペイ君は目を細めて、博士を仰ぐように見た。⑤博士はその視線がこそばゆかった。

〈川端裕人「今ここにいるぼくらは」による〉

問四 ――線④「おい、ハカセ君」とありますが、このときサンペイ君はどんな気持ちでしたか。次の□に入る言葉を、五字以内で考えて書きなさい。

博士にアタリが来たのを見て、□する気持ち。

問五 ――線⑤「博士はその視線がこそばゆかった。」とありますが、このときの博士の気持ちとして最もよいものを次から選んで、記号を書きなさい。

ア サンペイ君と自分の釣った魚の数が大きくちがい、くやしい気持ち。

イ サンペイ君にめずらしい魚を釣ったとなぐさめられ、うれしい気持ち。

ウ サンペイ君に自分が釣った魚をほめられて、照れくさい気持ち。

エ サンペイ君よりも価値のある魚を釣って、ほこらしい気持ち。

□

！ヒント サンペイ君からかけられた言葉に着目する。

ハイレベル

深めよう

答え 11ページ

1 **小学六年生の美智子は五歳上の兄である猛と会話をしています。この文章を読んで、問題に答えなさい。**

台所からは、野菜を炒めた匂いがした。毎朝チャーハンを美味しい美味しいと食べている猛の顔を思い浮かべた。毎朝だ。毎朝チャーハンを食べ、よく飽きないものだ。

「毎朝チャーハンで、美味しい訳*なかろうも」

あるとき、①美智子の疑問に答えて、猛がそっけなく答えた。

「母さんに言えばよかとに。毎朝チャーハンはもう飽きたち！」

「お前、②母さんが毎朝何時に起きよるか、*知っとうとか？」

「六時ころ？」

「俺は六時半に家を出るとぞ、間に合う訳なかろうも。朝ごはんも食べられんばい」

房江は、五時半には起きていた。

「もし、俺がご飯が食べたいち言うたら、母さんは四時半には起きんと*間にあわんごとなる。四時半に起きてご飯炊いたち、ギリギリやろうも。カマドに火を起こすだけでも時間かかるとに。毎朝四時半に起きよったら、母さん体がもたんばい」

そうだったのか……。何にも知らずにいた自分が③恥ずかしかった。それにしても、毎朝毎朝チャーハンを食べながら、

問一 ――線①「美智子の疑問」とありますが、どんな疑問ですか。

（　　　　　　）

問二 ――線②「母さんが毎朝何時に起きよるか、知っとうとか？」と猛が美智子にきいたのは、なぜですか。理由として最もよいものを次から選んで、記号を書きなさい。

ア 毎朝四時半には起きている母の苦労を伝えるため。

イ 早起きをして母の手伝いをするように伝えるため。

ウ チャーハンに飽きたと言わない理由を説明するため。

エ 猛が朝ごはんを食べない理由を説明するため。

□

問三 ――線③「恥ずかしかった」とありますが、なぜですか。理由として最もよいものを次から選んで、記号を書きなさい。

ア 母に対する猛の気づかいに気づいていなかったから。

イ 母がご飯を炊くのにかかる時間を知らなかったから。

ウ 母の起きる時間を知らないことを猛に注意されたから。

エ 母が早起きできないことに気づいていなかったから。

□

学習した日　月　日

それでも美味しそうな顔をできるのか！　④自分にはとてもできそうもない。

房江に甘えるだけの自分とは違う猛の大きさを改めて思い知った。

そういえば、房江は寝る前に七輪の日を落とさずに豆炭をくべ、空気調節の扉を閉め、種火を落とさないようにしていた。いったい自分は何を見ていたんだろうか。

「いいか、⑤母さんには言うな。もし言うたら、俺はお前を妹ち、絶対思わんき」

「絶対言わん、口が裂けても言わんき」

そう言いながら、⑥美智子は猛が少しだけ羨ましかった。自分もいつかは母さんの役に立てるときが来るのだろうかと、自信なげに空を見上げた。開け放した窓から凛とした冬の空気が入ってきた。空から舞い降りてくる白い粉雪が、とてつもなく大きな氷の塊にも見える真っ白な三角形のボタ山に吸い込まれていく。

〈中島晶子「筑豊ララバイ」による〉

＊なかろうも…ないだろう。　＊知っとうとか…知っているか。

＊間にあわんごとなる…間に合わなくなる。

問四　——線④「自分にはとてもできそうもない。」とありますが、このとき美智子は何を知ったのですか。文章中から五字で書きぬきなさい。

問五　——線⑤「母さんには言うな」とありますが、ここから猛のどんな性格が分かりますか。最もよいものを次から選んで、記号を書きなさい。

ア　母に苦労をさせたくないと思いつつ、自分の苦労は見せたくないみえっぱりな性格。

イ　母のことを思いやりつつ、そのことが母の負担にならないようにする心やさしい性格。

ウ　母への態度には気をつかうが、妹のなやみには気づくことのできない間のぬけた性格。

エ　母の体をいつも心配し、さらに妹と母の仲をとりもとうとする家族思いの性格。

問六　——線⑥「美智子は猛が少しだけ羨ましかった」とありますが、なぜですか。

8 心情の変化

標準レベル

確かめよう

答え 12ページ

1 小学四年生の葵は、おっちょこちょいでよく笑われていましたが、転校をきっかけに人気者だった萌ちゃんのようになろうと考えました。この文章を読んで、問題に答えなさい。

新しいワンピースは転校することが決まって買ってもらったものだ。

①「あら、いつもと感じが違うわね。本当にそれでいいの？」

すそに花のししゅうが入った若草色のワンピースを選んだのを見て、お母さんは不思議そうだったけど、葵は大きくうなずいた。

「いいの」

②あたらしい私になるんだ。

葵は先生に並んで教壇に立った。知らない人の視線が集まってみぞおちのあたりがきゅっと固くなった。のど元にどきどきがせりあがってきて、みんなの顔がぼんやり見えた。

「すずかけ小学校から来た、松岡葵です」

けれども葵は③おしとやかな笑顔を作って言った。鏡の前で

←

問一 ――線①「あら、いつもと感じが違うわね。本当にそれでいいの？」とありますが、このときのお母さんの様子が分かる言葉を、文章中から八字で書きぬきなさい。

□□□□□□□□

問二 ――線②「あたらしい私になるんだ。」とありますが、言動や態度以外で、葵のこの気持ちを表しているものを、文章中から八字で書きぬきなさい。

□□□□□□□□

！ヒント 言動や態度以外なので、服装や持ち物で字数に合うものを探す。

問三 ――線③「おしとやかな」とありますが、その意味として最もよいものを次から選んで、記号を書きなさい。

ア 明るくて健康そうな
イ もの静かで上品そうな
ウ 人見知りでおとなしそうな
エ ひかえめで素直そうな

□

知っトク！ポイント 5ページ

学習した日　月　日

何度も練習したように、うっすらと目を細めて口のはしを少しあげた。

「では席はそこに座ってください」

先生に言われてついた席の隣には、髪の長い女子が座っていた。

「よろしくお願いします」

作り笑顔のまま言うと、女子は無表情な顔でちょっとだけこくりと頭を動かした。そして机の上に置いてあったノートを葵のほうに滑らせた。〝早坂七海〟と書いてある。自己紹介のつもりらしかった。

周りに座っている人たちが［④］自分を見ているのがわかった。転校生がどんな子なのか気にしているのだ。⑤葵はすっと背筋を伸ばした。

優等生らしくしなくっちゃ。

休み時間になると、萌ちゃんがそうされていたように葵の周りにも人が集まってきた。いくつか質問をされたので、葵はその間ずっと微笑んだまま、萌ちゃんみたいなきれいな言葉遣いで答えた。なんだか自分が本当に萌ちゃんになったみたいな気分だった。

〈まはら三桃「あたらしい私」による〉

問四　［④］に入る言葉として最もよいものを次から選んで、記号を書きなさい。

ア　おどおどと　　イ　いらいらと

ウ　ちらちらと　　エ　きょろきょろと

［　　］

問五　――線⑤「葵はすっと背筋を伸ばした。」とありますが、葵がこのような態度をとったのは、なぜですか。

（　　　　　　　　　　）

ヒント　葵が自分のことをどんな子と思われたがっているのかを考える。

問六　この文章の中で、葵の気持ちはどのように変わりましたか。最もよいものを次から選んで、記号を書きなさい。

ア　「あたらしい私」になれるだろうかと不安があったが、ちゃんと人気者になれたように感じてうれしくなった。

イ　「あたらしい私」になるためにいろいろなやんでいたが、自分をかざらなくても友達ができそうで楽しくなった。

ウ　「あたらしい私」になるのを楽しみにしていたが、本当の自分には人気がないことを実感してさびしくなった。

エ　「あたらしい私」にならないとだめだと固く決意していたが、みんながやさしいのであまり気にならなくなった。

［　　］

ハイレベル 深めよう

答え 13ページ

1 小学四年生の葵は、おっちょこちょいでよく笑われていましたが、転校をきっかけに人気者だった萌ちゃんのようになろうと考えました。この文章を読んで、問題に答えなさい。

三日がたった。葵はますます頑張っていた。常に萌ちゃんを思い浮かべて、つとめておしとやかにふるまった。授業中は自分からは発表をしなかったが、①数度当てられたときは、＊右か左か確かめてから耳に髪をかきあげたし、給食のときは、まずスープ。間違えそうになったときはやり直した。特に気をつけたのは掃除のときだ。つい癖で何度も歌をうたいそうになってしまうのを必死で抑えた。

②あたらしい私、あたらしい私。

おかげで前みたいに笑われることはなかったけれど、ひとつ困ったこともあった。萌ちゃんのことばかり考えているせいか、肝心のクラスメートの顔と名前が、なかなか覚えられないのだ。そればかりか、③教室全体がまるでフィルターでもかかっているみたいに白っぽく見える。

そんなふうにして一週間がたった。その日、葵は朝起きるのが遅れてばたばたと飛び出した。＊二人のマンションには遅

→

問一 ——線①「数度当てられたときは、右か左か確かめてから……給食のときは、まずスープ」とありますが、葵がこのような行動をしていたのは、なぜですか。

（　　　　　　　　　　　　）

問二 ——線②「あたらしい私、あたらしい私。」とありますが、このときの葵の様子として最もよいものを次から選んで、記号を書きなさい。

ア 自分が変わっていくのを実感して興奮している。
イ 前の自分から変わろうとして懸命になっている。
ウ うたってはいけないと自分に言い聞かせている。
エ あたらしい私はどんな私か必死に考えている。

［　　］

問三 ——線③「教室全体がまるでフィルターでもかかっているみたいに白っぽく見える」とありますが、このように見えたのはなぜですか。次のようにまとめたとき、□に入る言葉を、文章中から十五字で書きぬきなさい。

［　　　　　　　　　　　　　　　］せいで、周囲のことがまともに目に入っていないから。

学習した日　月　日

れずについたが、走ったせいか学校についても体がだるかった。

「疲れない？」

そう声をかけられたのは、中休みだ。顔を上げると隣の席の七海ちゃんと目が合った。席が隣同士とはいえあまり話したことがなかった。七海ちゃんは口数が少ない。

葵はあわてて背筋を伸ばした。

「え？」

④話しかけられたことは意外だったけれど、それ以上に質問の内容に驚いてしまった。なぜそんなことをきかれたのか考える前に、するりと返事が飛び出した。

⑤「疲れる。すごく」

ぽかんとした顔で言うと、七海ちゃんは⑥やっぱりね、と言うように肩をすくめた。

〈まはら三桃「あたらしい私」による〉

＊右か左か確かめて…萌ちゃんは、発表するときに左耳に髪をかきあげるくせがあった。

＊二人…転校後にさそわれ、いっしょに登校している二人の友達のこと。

問四 ――線④「話しかけられたことは意外だった」とありますが、なぜですか。その理由を、文章中からひと続きの二文で探して、初めの五字を書きぬきなさい。

□□□□□

問五 ――線⑤「疲れる。すごく」とありますが、このときの葵の気持ちを説明したものとして最もよいものを次から選んで、記号を書きなさい。

ア 今まで必死に頑張ってきたが、七海ちゃんの言葉をきっかけに自分が疲れていたことに気づき驚いている。

イ 朝から走って疲れていたので、そんな自分を理解してくれた七海ちゃんに親しみを感じている。

ウ あまり話したことがない七海ちゃんに言葉をかけられたので、とにかく何か言おうとあわてている。

エ 朝からあわてなければならず、新しい二人の友達との関係をめんどうに思い始めている。

□

問六 ――線⑥「やっぱりね」とありますが、このときの七海ちゃんの気持ちを次のようにまとめたとき、□に入る言葉を二字で考えて書きなさい。

やはり葵は□□をしていたのだ、しょうがないなと思っている。

9 主題・人物像

標準レベル

確かめよう

答え 14ページ

知っトク！ポイント 5ページ

学習した日　月　日

1 雪乃は、早起きして曾祖父の畑仕事の手伝いをすると宣言しますが、翌朝、寝坊してしまいます。急いで曾祖父のところに向かいますが、怒られそうな気がして声をかけられずにいます。この文章を読んで、問題に答えなさい。

布巾でくるまれたおにぎりをそっと抱え、立ち尽くしたままためらっていると、茂三が立ちあがり、痛む腰を伸ばした拍子にこちらに気づいた。

①「おーう、雪乃。やーっと来ただかい　寝ぼすけめ」

笑顔とともに掛けられた、からかうようなそのひと言で、胸のつかえがすうっと楽になってゆく。手招きされ、②雪乃はそばへ行った。

「ごめんなさい、シゲ爺」

「なんで謝るだ」

ロゴの入った帽子のひさしの下で、皺ばんだ目が面白そうに光る。

問一 ――線①「おーう、雪乃。やーっと来ただかい　寝ぼすけめ」とありますが、このときの茂三の様子を次のようにまとめたとき、□に入る言葉を、文章中から(1)は四字、(2)は二字で書きぬきなさい。

「寝ぼすけめ」と(1)[　　　　]ような口調であり、(2)[　　]でもあるので、雪乃をうれしそうにむかえようとしている様子だと分かる。

問二 ――線②「雪乃はそばへ行った」とありますが、このときの雪乃の気持ちとして最もよいものを次から選んで、記号を書きなさい。

ア　茂三に怒られると思っておびえている。

イ　茂三に優しくされておどろいている。

ウ　寝坊のことを茂三に謝ろうと思っている。

エ　茂三に甘えたいと感じている。

[　　]

！ヒント 直前の「楽になってゆく」と、直後の謝罪から考える。

「だってあたし、あんなえらそうなこと言っといて……」

「そんでも、こやって手伝いに来てくれただに」

「それは、そうだけど……」

「婆やんに起こされただか？」

「ううん。知らない間に目覚ましを止めちゃったみたいで寝坊したけど、なんとか自分で起きたよ」

起きたとたんに〈げぇっ〉て叫んじゃった、と話すと、茂三はおかしそうに笑った。

「③いやいや、それでもてぇしたもんだわい。いっつも、婆やんがぶつくさ言ってるだに。『雪ちゃんは、起こしても起こしても起きちゃこねえで*おえねえわい』つって。それが、いっぺん目覚まし時計止めて、そんでもなお自分で起きたっちゅうなら、そりゃあなおさらてぇしたことだでほー」

「……シゲ爺、怒ってないの？」

「だれえ、なーんで怒るぅ。起きようと自分で決めて、いつもよりかは早く起きただもの、堂々と胸張ってりゃいいだわい」

雪乃は、頷いた。目標を半分しか達成できなかったのに、半分は達成できた、と言ってくれる曾祖父のことを、改めて大好きだと思った。


〈村山由佳「雪のなまえ」による〉

*おえねえわい…どうしようもない。

問三 ——線③「いやいや、それでもてぇしたもんだわい。」とありますが、雪乃は寝坊してしまったのに、茂三が「てぇしたもんだわい」と言ったのは、なぜですか。

（　　　　　　　　）

問四 この文章から分かる茂三の人物像として最もよいものを次から選んで、記号を書きなさい。

ア 約束を破っても気にしないのんびりした人物。
イ 相手の良いところを見ようとするやさしい人物。
ウ 怒りっぽいが雪乃のことだけは甘やかす人物。
エ 面白いことやおかしいことが大好きな人物。

□

！ヒント 雪乃が茂三に怒られると思っていたことから考える。

問五 この文章でえがかれていることとして最もよいものを次から選んで、記号を書きなさい。

ア 茂三の気配りに対する雪乃の深まる思い。
イ 約束を守ろうとすることの大切さ。
ウ 目標を少しでも達成できたことの喜び。
エ 雪乃を守ろうとする茂三の決意。

□

ハイレベル

深めよう

答え 15ページ

1 中学一年生の早紀は、合唱コンクールの指揮者に選ばれ、途中で歌も歌うことになりました。ある朝、合唱の練習をさぼっている岳と体育館で話をしています。この文章を読んで、問題に答えなさい。

「でさ、どうなの、そっちは？　指揮者だっけ。うまくいってんの？」

①「実は……。指揮だけじゃなくて、一部で歌も歌うことになって」

「らしいな」

岳が知っていることに驚いた。

「自信ないんだ」

誰にも言えなかった言葉が、ぽとんと床に落ちた。

「失敗してみんなに迷惑かけたらって思うと、怖い。わたしは＊音心みたいに、音楽の才能があるわけじゃないし」

聞き役に回っていた岳が、口を開いた。

「才能があるやつっていうのは、羨ましいよな」

岳はまるで誰かを思い浮かべるように、遠く＊ゴールの方に目をやった。

問一　——線①「実は……。指揮だけじゃなくて、一部で歌も歌うことになって」とありますが、このときの早紀の様子として最もよいものを次から選んで、記号を書きなさい。

ア　照れくさそうな様子。　イ　不安そうな様子。

ウ　不愉快そうな様子。　エ　楽しそうな様子。

□

問二　早紀が、思いなやんでいたことを独り言のようについ言葉にしてしまった様子を表現している一文を文章中から探して、初めの五字を書きぬきなさい。

□□□□□

問三　——線②「早紀は弾かれたように、岳を見上げた。」とありますが、このときの早紀の気持ちを、三十字以内で書きなさい。

学習した日　月　日

「ちくしょー、うまくなりてぇ」

いつも自信に満ちあふれているように見える岳が、他人のことを羨むなんて予想だにしなかった。

「でもさ」

岳は言葉を切ると、照れくさそうに鼻のあたりをこすった。

「俺たちにも才能、あるんじゃね？」

②早紀は弾かれたように、岳を見上げた。

俺たち？　才能？

「めげない才能がさ」

「めげない、才能？」

瞬きを忘れたように、岳の目をじっと見つめた。

「自分よりすごいやつがそばにいても、差を見せつけられても、それでも絶対めげない才能」

真面目に泣きそうになった。

「だいたいさ、こんな朝早くから練習するやつ、他にいる？自信持とうぜ」

岳がニッと笑った。③早紀の頬もやっとゆるんだ。

〈佐藤いつ子「ソノリティ　はじまりのうた」による〉

＊音心…早紀と同じクラスの友達で、合唱コンクールでは伴奏をする。

＊ゴール…体育館にあるバスケットボールのゴール。岳はバスケットボールの練習をしていた。

問四　――線③「早紀の頬もやっとゆるんだ。」とありますが、この表現からは早紀のどのような様子がわかりますか。

（　　　　　　　　）

問五　この文章から分かる岳の人物像としてよいものを次から二つ選んで、記号を書きなさい。

ア　自分の現状の実力になやんでいる人物。

イ　確かな理由もなく自信にあふれている人物。

ウ　友達を思いやろうとする気持ちのある人物。

エ　自分勝手で他人に気をつかわない人物。

オ　他人を傷つけることをおそれている人物。

□　□

問六　この文章でえがかれていることとして最もよいものを次から選んで、記号を書きなさい。

ア　たがいを信じてはげまし合う友情の大切さ。

イ　難しいことにいどんでいく意欲の大切さ。

ウ　女子と男子が協力することの大切さ。

エ　くじけずにがんばる気持ちの大切さ。

□

時間 30分　得点　　点　答え 16ページ

学習した日　　月　　日

1 地理歴史部では、学習発表会のために、百年前の東京・渋谷のジオラマ（立体模型）を作成することになりました。部長の健吾は後輩の磯野輝華といっしょに、作成に必要な材料や、昔の鉄道模型を渋谷駅周辺のお店の人たちからゆずってもらいに回ります。この文章を読んで、問題に答えなさい。

「これ、本当にもらえるのか。っていうか、もらっていいのかな」

「①いいんじゃないっすか。たのめばもらえると思いますよ」

ありえない、と思ったけど、輝華がお店の人に事情を話したら、すんなりもらえた。真鍮製の鉄道模型を受けとった瞬間、②てのひらにずっしりした重みを感じて全身がしびれた。

白いアンダーシャツに白い前掛けをしたおじいさんは、「この電車はあたしのオヤジが作ったのよ」と腰に手をあてて言った。

「オヤジは手先が器用でねえ。生きていれば百六歳だから、これはオヤジが子どものころに見たジャリ電なんじゃないかしら」

「ジャリ電？」

問一 ――線①「いいんじゃないっすか。たのめばもらえると思いますよ」とありますが、輝華がこのように判断したのは、何を知っていたからですか。〔10点〕

（　　　　　　　　）

問二 ――線②「てのひらにずっしりした重みを感じて全身がしびれた」とありますが、このときの健吾の気持ちとして最もよいものを次から選んで、記号を書きなさい。〔10点〕

ア　大切な模型をもらってしまい、負担に思っている。

イ　受け取った模型が思いのほか重くておどろいている。

ウ　ジオラマ作成のリーダーとしての責任を感じている。

エ　貴重なものをゆずってもらい、深く感動している。

□

問三 鉄道模型をもらったことへの感謝がこめられた健吾の行動を、文章中から十字以内で書きぬきなさい。〔5点〕

□□□□□□□□□□

「昔、＊玉電はジャリ電と呼ばれていたそうだよ。あたしも昔のことはよく知らないけど」

「へえ」

「で、あなたたちが作る百年前の渋谷のジオラマにこのジャリ電を？　いやはやいやはや……。きっとオヤジも喜ぶよ」

③店にもどっていくおじいさんに、健吾は深々と頭を下げた。

自動ドアが閉まるなり、ガッツポーズした。

「よしっ、これで電車はオーケーだ。ジオラマに電車があるのとないのとじゃ、見栄えがぜんぜん違うからな。磯野、ありがとう」

健吾は自転車の前カゴに鉄道模型をのせると、ハンドルを押してゆっくりと歩きだした。

「にしても、ここの人たちって気前がいいよな。なんでもくれて」

「だってもうじきなくなりますからね」

「えっ？」

「このへん全部、渋谷駅の再開発で取りこわされて大きなビルになるんす」

「じゃあ、ショーコさんのお店も？」

問四　——線③「店にもどっていくおじいさん」とありますが、このときのおじいさんの気持ちを次のようにまとめたとき、□に入る言葉を、三十字以内で書きなさい。〔15点〕

□をうれしく感じている。

問五　——線④「急に自転車が重たく感じられた。」とありますが、このときの健吾の気持ちを次のようにまとめたとき、□に入る言葉を、二十字以内で書きなさい。〔15点〕

自転車に鉄道模型をのせて歩きだしたときは、うれしい気持ちだけがあったが、渋谷駅の再開発で一帯が取りこわされることに衝撃を受け、□気持ちになっている。

「はい。木元先輩んとこの喫茶店も、お米屋さんも、さっきのおじいさんのお店も全部です。ショーコさんとこは、今年いっぱいでお店を閉めるんす」

「……………」

④急に自転車が重たく感じられた。健吾は前カゴのジャリ電を見つめて言った。

「なんかまずくないか。こんなにいろんなもの、もらっちゃって。⑤オレたち、火事場泥棒みたいじゃないか。どさくさにまぎれて横からかすめとったみたいだよ」

「そうかなあ。あたしはそうは思いませんけど」

「でも……」

「だってこの景色がなくなっても、みんなの店にあったものがジオラマの中で生きるじゃないっすか。沙帆ちゃんのおばあちゃんの家だってよみがえるし、いいことずくめっすよ」

「磯野のうちの店も取りこわされるのか？」

「いえ、うちはギリギリセーフっす。でも再開発に合わせて居酒屋はやめるんすよ。『居酒屋波平』が『ベルギービール専門店・ウェーブフラット』っすよ。中身が変わっても、ベタベタのネーミングセンスは変わらないんすよねえ」

輝華が笑った。⑥健吾も笑ったが、うまく笑えなかった。

ふたりは並んで繁華街を歩いた。いずれなくなる道を、靴

問六 ——線⑤「オレたち、火事場泥棒みたいじゃないか。」とありますが、もうじきなくなる店からものをもらうことを、輝華はどのようにとらえていますか。文章中から二十二字で探して、初めの五字を書きぬきなさい。〔10点〕

問七 ——線⑥「健吾も笑ったが、うまく笑えなかった。」とありますが、なぜですか。最もよいものを次から選んで、記号を書きなさい。〔10点〕

ア 輝華が無理に笑っていることが伝わってきたから。
イ 取りこわしについて知った衝撃が大きかったから。
ウ 今後の材料集めが大変になると心配になったから。
エ 輝華とちがってひ弱な自分を思って落ちこんだから。

問八 ⑦ に入る言葉として最もよいものを次から選んで、記号を書きなさい。〔5点〕

ア 流行にうまく乗った　**イ** 流行に乗れずあせる
ウ 流行とは無関係の　**エ** 流行の先を行く

底に記憶するようにゆっくりと。

さくら通りの坂の途中で立ちどまった。ふりかえって町並みをながめる。

大通りによって駅前のにぎわいから切りはなされた一角にある、なかむら生花店。流行の発信地の渋谷にあって、【⑦】時間をきざんでいくその店で、ショーコさんが年配のお客さんと談笑しているのが見えた。

その先に、*東急東横線の跡地がある。*消えてなくなれ、と思ったときは、ここで生活している人のことなんて考えもしなかった。その人たちの生活が、駅とともに消えてしまうなんて思いもよらなかった。

⑧健吾はサドルをぎゅっとにぎりしめた。

〈長江優子「百年後、ぼくらはここにいないけど」による〉

＊玉電…玉川電気鉄道。一九六九年に廃線。

＊東急東横線の跡地…二〇一三年に駅の位置が移動した。

＊消えてなくなれ、と思ったとき…健吾は、渋谷駅で好きな女の子に失恋した苦い経験から、渋谷駅周辺について消えてなくなれと思ったことがあった。

問九 ——線⑧「健吾はサドルをぎゅっとにぎりしめた。」とありますが、ここから分かる健吾の人物像として最もよいものを次から選んで、記号を書きなさい。〈10点〉

ア 渋谷が生活する人を圧迫していることに気づき、あこがれていたものに裏切られたように感じている人物。

イ 昔の面影を残す店とそこでの人々の生活が消えることに思い至れなかった自分をくやむ気持ちをもてる人物。

ウ さまざまな人々の生活を見て、古きよき時代の名残を消す渋谷の再開発を阻止したいと強く決意する人物。

エ 自分の行動の結果を知って深く反省し、自分なりにつぐなう方法を探そうとできる人物。

【　】

問十 この文章について述べたものとして最もよいものを次から選んで、記号を書きなさい。〈10点〉

ア 複数の登場人物の視点を順番にえがくことで、それぞれの人物の言葉に表されていない心情を表現している。

イ たとえを用いた表現技法をたくみに用いることで、登場人物たちの人物像をあざやかにえがき分けている。

ウ 登場人物たちの様子や動作で間接的に心情を表すことで、直接説明するよりも豊かにえがいている。

エ それぞれの登場人物の目に映るたがいの姿をえがくことで、考え方のちがいを表している。

【　】

10 表現のくふうと筆者の考え

標準レベル

確かめよう

答え17ページ

知っトク！ポイント 5ページ

学習した日　月　日

1 次の文章を読んで、問題に答えなさい。

人は自分が良いと思うものを着る。言い換えれば、衣服の選択は「これを良しとする」という意思表明だ。二十歳を越えた頃、自意識を拗らせた＊僕の服選びは難しくなった。クローゼット前で①攻防が始まる。

派手な服をあてがうと「頑張りすぎちゃう？」「お洒落したさが見え見えやで」と声がする。差し障りのない服だと「はずすのを避けてる感じもダサいで」「勝負せえや」とうるさい。脳内口論を繰り返し、裸が一番なのではと奇妙な思考に陥った日もあった。

そんな時、友人の女性から一本の連絡があった。服持ちの祖父が他界し、大量の服が残されているため、その一部を貰って欲しいという。

数日後、彼女の家で現物を見て②驚愕した＊。質も量も、想像を遥かに上回っていたのだ。オーダーメイドのスーツ、革のロングコート、一筋縄ではいかぬ渋い品が、クローゼット五つ分ほど、整然と並んでいた。

←

問一 ——線①「攻防が始まる」とありますが、この表現はどんなことを表していますか。最もよいものを次から選んで、記号を書きなさい。

ア 選んでみた服に対する批判が始まるということ。
イ 服の選び方が良くないと言われ始めるということ。
ウ どの服を選ぶべきかでなやみ始めるということ。
エ 服を着ないのが一番だと考え始めるということ。

[ ]

問二 ——線②「驚愕した」とありますが、筆者が驚愕したのは、なぜですか。

！ヒント 直後の内容は服選びの際の「脳内口論」であることから考える。

（　　　　）

問三 ——線③「感動している」とありますが、筆者が感動した理由を次のようにまとめたとき、[ ]に入る言葉を、文章中から二字で書きぬきなさい。

服たちが、毅然と、誇り高く佇んでおり、そこから持ち主の[ ]が溢れ出していたため。

その光景を前に、③感動している自分に気付く。彼の主張の集合体が、あまりに＊毅然と、誇り高く佇んでいることに、心が震えたのだ。拘りを貫き、潔く選択された服たちから溢れ出す、顔も知らない彼の美学に、僕は強い憧れを感じたのである。

結局、友人が見繕ってくれた数着を貰った。鏡の前でそのうちの一枚を羽織ってみる。分厚い革のコートが、肩にずしんと重い。自分には背伸びに思えて恥ずかしくもあったが、そのまま帰路についた。選ぶことは難しい。けれど、それから逃げるな。風を切るおさがりから、＊喝が聞こえた気がした。

以来、服選びには悩まなくなった。拘り、誇りをもって選び続けられるなら、何だっていい。これは、どんな選択にも当てはまることかもしれない。

言うまでもないが、彼のおさがりたちは、今も僕の④揺るがぬ＊一軍である。

〈山西竜矢『ベストエッセイ2020』所収「おさがりの教え」による〉

＊自意識…自分自身についての意識。　＊驚愕…激しくおどろくこと。
＊毅然…意志が強くしっかりした様。　＊喝…しかるときなどの大きな声。
＊一軍…スポーツにおいて、試合に出場する選手のチーム。予備的な選手らは二軍。

問四 ——線④「揺るがぬ一軍」が表す内容として最もよいものを次から選んで、記号を書きなさい。

ア　スポーツ観戦には必ず着ていくということ。
イ　質が高いと思い今でも着ている服だということ。
ウ　どの服よりも大切にしまっているということ。
エ　昔の思い出がいっぱいの服だということ。

問五 この文章を通して筆者が得た教訓はどんなことですか。文章中からひと続きの二文で探して、初めの五字を書きぬきなさい。

ヒント 服選びの体験から離れた一般論になっているところを探す。

問六 この文章の表現の特徴として、最もよいものを次から選んで、記号を書きなさい。

ア　「見え見えやで」などの方言で、全体的に堅苦しくなくて読みやすいと感じさせている。
イ　「驚愕」「毅然」などの非日常的な難しい熟語で、服選びに対する真剣さを表現している。
ウ　「ずしんと」などの動きや様子を表現する言葉で、文章全体を生き生きとさせている。
エ　「おさがりから、喝が聞こえた」などのたとえで、筆者のイメージをわかりやすくしている。

1 「ぼく」（筆者）の隣のクラスには、絵の上手なY君がいました。写生の遠足で、海辺を描いたY君の絵に「ぼく」は圧倒されます。この文章を読んで、問題に答えなさい。

学校へもどる貸し切りバスの中でもY君の絵の話になった。

①「やっぱうまかねえ」とぼくがいうと、だれかがこう答えた。

「ちょっとしかチューブから出さんけん、いつまでたっても絵の具は減らんよねえ。Y君はケチったれかもしれん」

たしかに彼の絵の具の使い方は独特のものだった。どの色の絵の具も小指の爪先ほどの量をパレットに出して大胆に水に溶く。そうして描いていく絵は、淡いパステルカラーに仕上がる。成熟したテクニックだった。

Y君は絵をどこで覚えたのだろうか。絵画教室に通っているという話はきかなかった。きっと自分で習得したに違いない。

ところがである。その絵が学校では満点の5点ではなく、平凡な3点だったのだ。いったいどうしたことか、②ぼくは訳が分からなかった。

後日、教師が二人、廊下でY君の絵について話しているの

今にして思うのは、あの日の光輝く海の美しさについて、二人で語り合うことができるとすれば、やはり⑤Y君しかいないだろうということだ。

〈藤原智美『ベストエッセイ2018』所収「海の色」による〉

問一 ――線①「やっぱうまかねえ」とありますが、筆者はY君の絵の何に感心していますか。文章中から九字で書きぬきなさい。

問二 ――線②「ぼくは訳が分からなかった」とありますが、筆者がこのように感じたのは、なぜですか。

問三 ③に入る言葉として最もよいものを次から選んで、記号を書きなさい。

ア　テクニック　イ　絵の具のよさ

ウ　新しい色　エ　色の数

問四 ――線④「後悔した」とありますが、筆者の気持ちの変化を次のようにまとめたとき、□に入る言葉を、四字で考えて書きなさい。

絵の評価が上がったとき、最初は「してやったり」とい

学習した日　月　日

を耳にした。ぼくは耳をそばだてた。要点はこんなぐあいだ。
いい絵というのはたくさんの色を使いこなしたもの。違う色の絵の具を混ぜ合わせて新しい色をつくるなどの工夫があるものがいい。

これが当時の児童画の評価基準だったのだろうか。これからするとY君の絵は明らかにいい絵とはいえない。教師からみると、子供らしさに欠けた、ヘンに成熟した、生意気な絵にみられたのかもしれない。

この話を耳にした一〇歳のぼくは、「先生が気に入る絵というのは［③］で決まる」と、単純化してとらえた。そして、次の図画の時間には、絵の具箱にある色を全部使うことを自分に課して描いた。すると教師の評価はなんと2点から4点へとステップアップしたのだった。

ぼくはほくそ笑んだ。してやったりだった。しかしすぐに、それを④後悔した。カンニングしていい点を取ったようなどこか後ろめたい気持ちになった。

ぼくは四年生の二学期で隣町の学校へ転校した。だからY君がその後どんな人生を送ったのかは知らない。インスタグラムもスマホもないのどかな時代、子供たちは目の前の美しいものは目に焼きつけ思い出として記憶の中にしまいこむしかなかった。

う ［　　　　］気持ちだったが、すぐに、よくないことをしたという、後ろめたい気持ちになった。

問五 ——線⑤「Y君しかいないだろうということだ」とありますが、筆者がこのように考える理由として最もよいものを次から選んで、記号を書きなさい。

ア Y君の絵の本当の理解者は自分しかいないから。
イ 美しい海を見たのは自分とY君だけだったから。
ウ 自分とY君だけが海の絵の美しさを知っていたから。
エ Y君は海の美しさを目に焼きつけているはずだから。 ［　］

問六 この文章の内容として最もよいものを次から選んで、記号を書きなさい。

ア 会話文を多用することで、当時の筆者の気持ちを生き生きと映し出している。
イ Y君独自の個性を強調し、個性が評価されることの大切さをなげきうったえている。
ウ 現在の視点を交えながら、筆者の心に強く残る大切な思い出を伝えている。
エ のどかな昔をえがき、便利であわただしい現代へ筆者が疑問を投げかけている。 ［　］

時間 20分　得点　　点　答え 19ページ

学習した日　　月　　日

1 次の文章を読んで、問題に答えなさい。

父と母からいつもいわれた言葉は「もったいない」。ご飯を一粒でも残そうとすると、「それはお百姓さんが一生懸命耕して作ってくれたものだよ」としかられた。どうしても食べられないときも、茶碗にお皿でふたをして冷蔵庫にしまい、あとで残さず食べさせられた。

新聞紙はちぎって濡らして畳の上を掃くのに使い、茶殻も同様。古ストッキングは編んで風呂マットとなり、裏白の広告ちらしは綴じて計算に使い、禿びた鉛筆は金属のホルダーをつけて三センチくらいになるまでは使った。体に合わなくなったセーターはほどいて糸を湯気で伸ばして編み直し、電気は必ずスイッチをひねって消していた。

いつからそうでなくなったんだろう。捨てることが美徳だ、とされるようになったのはいつからだろう。ものが大量生産され、不必要なものがあふれはじめたのは。「賢い収納術」が女性誌の特集となり、一年に一度も着なかった服は思い切って捨てましょう、と奨励されるようになったのは。それは一九八〇年くらいがある区切りではなかったか。

［①］私は一九七九年に結婚して以来、貧乏で、食べるも

＊ドギーバッグ…レストランなどで、残った料理を持ち帰るために用いる容器。

問一　［①］に入る言葉として最もよいものを次から選んで、記号を書きなさい。〈10点〉

ア　いっぽう　　イ　それゆえ
ウ　すなわち　　エ　あるいは

［　］

問二　――線②「レストランで食べ物や飲み物を残すことができない。」のは、なぜですか。次のようにまとめたとき、［　］に入る言葉を、文章中から二十二字で書きぬきなさい。〈20点〉

父と母からいつもいわれた言葉である［　　　　　　　　　　　　　　　　　　　　　　］から。

問三　――線③「いい顔をしない」とありますが、どんな意味ですか。最もよいものを次から選んで、記号を書きなさい。〈15点〉

ア　料理を客が残すことにいきどおりを感じること。

の以外買えなかった、捨てられなかった。いまも「もったいない」とささやく声が耳底で聞こえる。②レストランで食べ物や飲み物を残すことができない。中国などではドギーバッグ*ですべて持ち帰るのを見たが、日本では「食中毒を起こしたら」と思うのか、店が③いい顔をしない。そこで無理しておなかに詰め込むことになるのだが。

何も買わなくてもものは増えていく。新聞、封筒、紙は再利用する。流行ではあるが、遠くからものを取り寄せない、ダンボールや発泡スチロールの箱の始末に困るから。買うときは包装してもらわない、家ではがして始末するのがめんどうだから。家電品はできるだけ買わない、場所塞ぎだし、壊れたら直すのがめんどうだから。靴はいつも二足を代わる代わる履く。アクセサリーはつけない、すぐなくすし、気が散るから。

こうしてみると、私の「もったいない」は言ってみれば、ずぼらとものぐさの結果である。その「もったいない」という言葉はノーベル平和賞受賞者ワンガリ・マータイさんがすてきな日本語として④広めてくださった。

服はテロテロになるまで着る。色が落ち着き、肌ざわりもずっといい。穴があけば糸でかがる。わざと目立つ色にしても楽しい。針を持ってチクチクする時間は、夜更けのいちばん静かな時間だ。〈森まゆみ『おたがいさま』所収「『もったいない』の精神」による〉

イ　料理を持ち帰れないことを申し訳なく思うこと。

ウ　残した料理を持ち帰ることをいやがること。

エ　客の希望に応えられなくて残念に思うこと。

問四　――線④「広めてくださった」とありますが、この表現から筆者の何に対するどんな心情が分かりますか。〔20点〕

問五　筆者の昔の体験を述べているのは、冒頭からどこまでですか。終わりの五字を書きぬきなさい。〔20点〕

問六　この文章の内容に合うこととして、最もよいものを次から選んで、記号を書きなさい。〔15点〕

ア　日本独特の考え方である「もったいない」を日本にも海外にももっと広めなければならない。

イ　昔の日本と比べて今の日本から「もったいない」という精神が失われたことがなげかわしい。

ウ　ずぼらでものぐさであることが結果的に「もったいない」という精神にかなう。

エ　「もったいない」という意識をもって日々生活をしていることに充実感をもつことができる。

11 事実と意見

標準レベル 確かめよう

答え 20ページ

1 次の文章を読んで、問題に答えなさい。

[1] 近年は①ネコブームが起きているといわれるが、一般社団法人ペット協会調べでは、二〇一八年に日本全国で飼われているイヌは約八九〇万三〇〇〇頭、ネコは約九六四万九〇〇〇頭である。それにイヌ関連は四二二冊、ネコ関連の本は七〇七冊出版されたという（一八年度。国会図書館調べ）。加えて専門雑誌がそれぞれ複数あるほか、一般雑誌でイヌやネコが取り上げられることも多い。動物としての圧倒的な人気ぶりがわかるだろう。

[2] なおペットフード協会の統計では、イヌの飼育数は二〇一二年から五年連続で前年割れしているが、ネコは横ばい傾向だという。一方でペット産業の市場規模は拡大を続けており、近年は一兆五〇〇〇億円前後にもなる。

[3] ②この動向の解釈はいろいろできるが、一つ言えるのは、ペットが「愛玩動物」から③「コンパニオンアニマル」という位置づけに変わってきたこと。つまり家族の一員、人生の伴*侶であるという認識が高まったのだ。イヌやネコは〝もう一

→

問一 ——線①「ネコブームが起きている」とありますが、そのように言えるのは、なぜですか。イヌと比べることで分かる理由を答えなさい。

（　　　　）

問二 ——線②「この動向」とありますが、どのような動きのことですか。次のようにまとめたとき、□に入る言葉を、文章中から五字で書きぬきなさい。

ペットの飼育数は二〇一二年から増えていないが、ペットに［　　　　　］人が増えているという動き。

ヒント 直前の文にある「市場規模は拡大を続けており…」に着目する。

問三 ——線③「コンパニオンアニマル」とありますが、どのような動物のことですか。最もよいものを次から選んで、記号を書きなさい。

ア 部屋で飼うことができる動物。

イ 圧倒的な人気をもつ動物。

知っトク!ポイント 6ページ

学習した日 月 日

人の家族〟として増えている。だから金をかける。その代わり部屋の中で飼える小型ペットが求められ、同時に健康の管理が進んで長生きする傾向にある。しかし、飼われる数が多いだけに、飼育の放棄も少なくない。するとノライヌ、ノラネコとなる。人に飼育されず生きている状態だ。

[4] さて、この「ノラ化」は「野生化」だろうか。線引きは曖昧だが、私は④「ノラ状態」をまだ野生化に入れていない。ノライヌもノラネコも、棲む地域は人間社会とその周辺だと思われるからである。そして餌も人間が出す残飯などを狙う。ときにノラに餌を与える人もいる。それなりに人間の関与によって生存していると思えるからだ。

[5] それに幼獣、つまり子イヌ、子ネコの時代は人に接していたケースが多いため、彼らの記憶の中に⑤人間への親しみが残っているように思う。実際、我が家の庭にもノラネコが出没するが、多くは人の姿を見ても警戒せず近寄って来る。また私は中学生の頃にノライヌと仲良くなった経験があるのだが、しばらくして姿を消し、数年後にノライヌの群の中に発見した。群を見て一瞬怖く感じたが、私には尻尾をふって近づいてきた。きっと私のことを覚えていてくれたのだろう。

〈田中淳夫「獣害列島　増えすぎた日本の野生動物たち」による〉

＊伴侶…いっしょに生きていく相手のこと。

ウ　家族としてあつかわれる動物。

エ　人間といっしょに棲む動物。

問四　――線④「『ノラ状態』をまだ野生化に入れていない」とありますが、なぜですか。

問五　――線⑤「人間への親しみ」とありますが、筆者への「親しみ」を具体的に表す動物の様子を、文章中から十五字で書きぬきなさい。

問六　この文章中で、筆者独自の意見がふくまれている段落はどれですか。最もよい段落の番号を数字で書きなさい。

ヒント 「筆者（私）」の体験ではなく、意見が書かれている段落を探す。

ハイレベル

深めよう

答え 21ページ

1 次の文章を読んで、問題に答えなさい。

[1] 私の推測によると、①昔の人が道路を石畳にしなかった理由は夏の暑さを避けるためだった。

[2] 鎌倉時代に書かれた②『徒然草』に「家の造りようは、夏をむねとすべし。冬はいかなる所にも住まる。あつき頃わろき住居はたえがたきことなり」（現代表記）とあるように、関東より南の地域では冬の寒さより夏の暑さのほうがしのぎにくいのは、今も同じだ。実際、南関東の東京あたりの冬の寒さは、着ぶくれていれば耐えられる。

[3] 今は冷房できるから夏でも楽に暮らせるが、それは電力を好きなだけ使えるからで、節電すれば暑いし、停電すれば大さわぎだ。現代の都市は、道路から建物まですべてコンクリートで固めてあるので、日射を受けて温度が上がると簡単には温度が下がらず、③冷房がなければ焦熱地獄になってしまう。

[4] 江戸時代は、世界じゅうどこにも冷房技術はなかったから、熱帯地方並みの高温多湿になる真夏の江戸では、冷やす努力をするより気温が上がらないよう工夫するほうが、単純かつ有効で安上がりな消夏法だった。

[5] 防火構造の土蔵より風通しのよい木造家屋のほうが涼し

〈石川英輔「大江戸しあわせ指南　身の丈に合わせて生きる」による〉

＊むねと…第一に。　＊わろき…よくない。　＊たえがたき…たえられない。

問一 ――線①「昔の人が道路を石畳にしなかった理由」とありますが、どんな理由があったから石畳にしなかったのですか。当てはまらないものを次から選んで、記号を書きなさい。

ア 高温になった石に冷水をかけてもすぐに冷えないから。
イ 石畳にすると湿気が発生して高温多湿になるから。
ウ 石畳は熱くなると夜中になっても冷えにくいから。
エ 高温の石の上を草鞋で歩かなければならないから。

問二 ――線②「徒然草」は、どんなことを説明するために引用されているのですか。

（　　）

問三 ――線③「冷房がなければ焦熱地獄になってしまう」とありますが、江戸時代にそうならなかったのは、なぜですか。二十五字以内で書きなさい。

学習した日　月　日

いこと、あるいは、石垣や石畳が真夏の太陽で熱くなり夜中になっても冷えにくいことも、昔の人は知っていた。

6 また「焼け石に水」という古くからの言葉があるように、高温になった石に冷水をかけても容易には冷えないことも、昔からの常識だった。

7 今の日本の都市では、真夏の路面に水を撒いてもコンクリートの表面を濡らすだけで気温はほとんど下がらないが、地下に続く土の道なら水がしみ込んで効果がある。とくに、太陽が沈んでから撒けば、肌で感じるほど涼しくなった。

8 また、東海道を石畳で覆えば、真夏の旅行者は高温の石の上を草鞋がけで歩かなくてはならない。真夏でも冷房のきいた新幹線や乗用車で行く我々の旅ほど楽ではなかったのである。

9 これまでの現代文明は、何をやっても気温を上げる方向へ進んできたが、素朴な江戸文明では、大地につながっている土の道路に④一種の空調作用があることを利用し、ゼロ・エネルギーで夏が暑すぎないようにしていた。その代償が埃やぬかるみだったが、大量の電力を使って夏でも寒いほどの冷房を効かせる代償として、⑤私たちはいったい何を支払っているのだろうか。

問四 ——線④「一種の空調作用」とありますが、このことを説明した段落の番号を書きなさい。

問五 ——線⑤「私たちはいったい何を支払っているのだろうか」とありますが、筆者はここでどんなことを言おうとしていると考えられますか。最もよいものを次から選んで、記号を書きなさい。

ア なぜ電力を使って夏の暑さを避けると、気温が上がってしまうのかということ。

イ 江戸時代のような暮らしをすれば、夏でも快適に暮らせるということ。

ウ 夏でも快適に暮らせる代わりに、よくないことが起こっているのではないかということ。

エ 電力以外のエネルギーで、今よりもっと快適に暮らせるようにするべきだということ。

12 文章の構成

標準レベル 確かめよう

答え 22ページ

1 次の文章を読んで、問題に答えなさい。

1 個性を重視する欧米では、子どもたちはこう言われて育つ。「あなたの他の人と違うところはどこなの？」

2 [①]、日本の子どもたちはこう言われる。「どうして他の人と同じようにできないの？」

3 日本では、②他の人と同じであることが必要以上に求められるのである。

4 あるいは、新渡戸稲造の『武士道』の中で、アメリカ人の新渡戸稲造の妻が驚いたエピソードが出てくる。

5 暑い日、日本人の女性二人が道ばたで出会う。一人は日傘をさしている。もう一人は日傘を持っていない。すると、日傘をさしていた女性は炎天の下で、日傘を閉じたのである。

6 自分だけ、涼しい思いをするのは悪い、という日本人にはごく当たり前の感覚だが、③アメリカ人の新渡戸稲造の妻には、それが不思議だったという。

7 傘が大きければ、二人で日傘の下に入れば合理的である。たとえ、一人しか入れなかったとしても二人で暑い思いをするよりは、日傘をさしている人だけでも日陰に入った方が効

問一 [①]に入る言葉として最もよいものを次から選んで、記号を書きなさい。

ア これに対して　イ そのうえ
ウ したがって　エ ところで

［　　］

問二 ——線②「他の人と同じであること」とありますが、これを次のようにまとめたとき、[　]に入る言葉を、文章中から十七字で書きぬきなさい。

[　　　　　　　　　　　　　　　　　]すること。

問三 ——線③「アメリカ人の新渡戸稲造の妻には、それが不思議だった」とありますが、なぜ不思議だと思ったのですか。「……と考えたから。」が続くように書きなさい。

（　　　　　　　　　　　　　　　　　）と考えたから。

知っトク！ポイント 6ページ

学習した日　月　日

ヒント 新渡戸稲造の妻は7段落で書かれている考え方のもち主である。

率的だ。しかし、二人で暑さを分かちあう、それが日本人なのである。

8 自分の意見を押し殺しても集団に同調しようとする。しかし一方で協調性を重んじ、集団で力を合わせて行動することに長けている。④こうした日本人の気質は、水田稲作によって育まれてきたと指摘されている。

9 イネを作るときには、集団作業が不可欠である。

10 すべての田んぼは水路でつながっているから、自分の田んぼだけ勝手に水を引くことはできない。水路を引き、水路を管理することも共同で行わなければならないのだ。そして、自分の都合のいいように勝手なことをすることは、自分の田んぼだけに水を引く意味の「我田引水」と言われて批判されてきた。

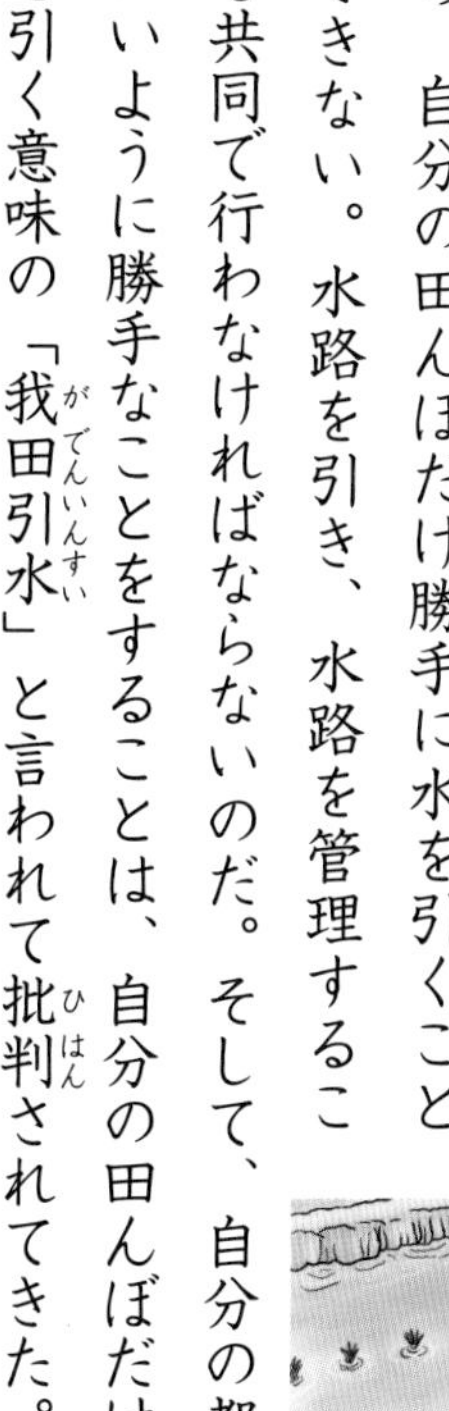

11 さらにイネの栽培も手がかかるので一人ではできない。特に田植えは多大な労働力を必要とする。みんなで並んで揃って田植えをする必要がある。そのため、村中総出で協力しあって作業をしてきた。

12 力を合わせなければ行うことができない。こうした稲作の特徴が協調性や集団行動を重んじる日本人の国民性の基にあると考えられているのである。

〈稲垣栄洋「イネという不思議な植物」による〉

問四 ――線④「こうした日本人の気質」とありますが、どんな気質ですか。これを次のように説明したとき、(1)・(2)に入る言葉を、(1)は漢字二字、(2)は漢字三字で、文章中から書きぬきなさい。

・(1)ではなく(2)を重んじる気質。

(1) □□

(2) □□□

ヒント 日本人の特徴を表す言葉と、それと反対の意味の言葉を探す。

問五 10段落と11段落は、どんな役割をもっていますか。その説明として最もよいものを次から選んで、記号を書きなさい。

ア 9段落の反対の例を挙げている。

イ 9段落を具体的に説明している。

ウ 9段落の話題を転換している。

エ 9段落を抽象化している。

□

問六 この文章を、内容に合わせて「日本人の気質について」と「その気質を生み出した背景について」の二つの部分に分けると、後半は何段落からになりますか。

□

ハイレベル　深めよう　答え23ページ

❶ 次の文章を読んで、問題に答えなさい。

[1] 科学というと「法則」や「理論」、たとえば学校で習った「万有引力の法則」や「相対性理論」を思い出す人もいるかもしれません。私たちは法則や理論を「一〇〇パーセント正しい」と思いこんでしまいがちです。[①]、科学の法則や理論はそのような絶対的な真理ではないのです。

[2] テレビ番組では「驚きの真実が明らかに！」という言い方をよく使います。こういう言い方をすると、視聴者は一〇〇パーセント正しい絶対的な真実があるように思ってしまいますから、②私が担当する番組では「そういう言い方はしないでほしい」とお願いしています。人間の物の見方は完璧ではないのですから、一〇〇パーセント正しい真実を把握することはできません。そんなことができるのは、全知全能の神様だけでしょう。

[3] 科学も同様です。「真実は、もしかしたらあるかもしれない。ならば、少しでもそこに近づきたい」。科学とはこのように、限られた認識の手段を使って、少しずつ真理に近づいていこうとする営みだと思います。

[4] では、③科学はどのようにして真理に近づいていくので

真理に少しでも近づこうとすることが科学という営みなのです。

〈池上彰「はじめてのサイエンス」による〉

問一 [①]・[④]に入る言葉の組み合わせとして最もよいものを次から選んで、記号を書きなさい。

ア　①　したがって　④　たとえば
イ　①　たとえば　④　ところが
ウ　①　ところが　④　つまり
エ　①　つまり　④　したがって

[　　]

問二 ――線②「私が担当する番組では『そういう言い方はしないでほしい』とお願いしています」とありますが、筆者がこのようにお願いする理由を三十字以内で書きなさい。

問三 ――線③「科学はどのようにして真理に近づいていくのでしょうか」とありますが、真理に近づいていく流れを次のように説明したとき、[　　]に入る言葉を書きなさい。

学習した日　月　日

しょうか。

5 その第一歩は、「疑うこと」から始まります。

「みんなはAだと考えているけど、本当かな?」

「なぜ、こんなことが起こるのだろう?」

6 自然科学であれ社会科学であれ、科学的な態度を持つ人は、まわりの意見を鵜呑みにせず、それが本当かどうかと疑い、「なぜだろう?」「どうしてだろう?」と問いを発します。

7 問いを発したら、次にそれの解答(回答)のための仮説を立てます。科学という営みでは、それぞれの学者が仮説を立て、それを検討していきます。仮説というのは、文字どおり「仮につくりあげた説明」なので、それが正しいかどうかを確かめなければなりません。[④]、「検証」しなければなりません。

8 検証にはさまざまな方法があります。わかりやすいのは実験することです。実験をしてみて、仮説が裏づけられれば、その仮説は真理に近い説明だということができるでしょう。それでも、当然、仮説とは異なる実験結果が出てくることもあります。

9 仮説どおりの実験結果が出ない場合は、仮説を修正しなければなりません。そして、修正した仮説が正しいかどうか、再び検証をしてみる。このように、仮説と検証を繰り返して、

疑問に思ったことについて[(1)]、思いどおりの結果が出なかったら、[(2)]。

(1) (　　　　)

(2) (　　　　)

問四 この文章を大きく二つに分けると、後半はどこからになりますか。段落の番号を書きなさい。

[　　]

問五 筆者は、科学をどんな営みだと考えていますか。四十字以内で書きなさい。

13 要旨

標準レベル

確かめよう

答え 24ページ

知っトク!ポイント 6ページ

学習した日　月　日

1 次の文章を読んで、問題に答えなさい。

[1] 論文を書くには、もちろん知識も大事だが、それだけではいけない。思考力が求められる。考えの足りない、あるいは、まったく考えていない論文は人から借りた知識を並べるだけになりやすい。本当の論文ではない。自分の頭を働かせなくてはならないが、知識がありあまるほどあると、考える余地がなくなる。どうも知識と思考は[①]がよくない。知識の豊富な人は思考が下手、思考力の高い人は、しばしば、知識習得が不得手なことが多い。

[2] 知識を増やすには、記憶しなくてはいけない。覚える片端から忘れるようでは知識は身につかない。ここで起こる忘却はよくない忘却である。忘れないように心がける。学校では、忘れていないかどうか、チェックするためにテストを行い、点数をつける。忘れた分だけ減点される。なるべく忘れないようにと心がけるようになるのは当然である。②<u>このときの忘却は悪玉忘却で、勉強の敵である。</u>

ている人がどれだけいるかわからないように思われる。

〈外山滋比古「考える力 新しい自分を創る」による〉

＊玉石混淆…よいものと悪いものが入りまじっていること。
＊コレステロール…体の中に広く分布する脂肪に似た物質。

問一 [①]に入る、「関係」「間柄」という意味の言葉を、漢字一字で書きなさい。

問二 ――線②「このときの忘却は悪玉忘却で、勉強の敵である。」とありますが、これはなぜですか。

！ヒント 勉強の際に忘れるとどうなるのかをとらえる。

問三 [3]段落の要点として最もよいものを次から選んで、記号を書きなさい。

ア 玉石混淆の知識をたくわえ、忘却は抑えるべきだ。
イ 悪玉忘却だけでなく善玉忘却も停止するべきだ。

③ この悪玉忘却を目の敵にして抑えていると、何でもかんでも無闇に覚えて、頭の中には*玉石混淆、頭からあふれんばかりになる。そして新しいことを取り入れようという意欲を失わせる。頭はゴミでいっぱいになり、働けなくなってしまう。ゴミ出しをして、頭の中をきれいに整理する必要がある。そのとき、働くのも忘却であるが、先の悪玉忘却とは反対の善玉の忘却である。悪玉の忘却がいけないからといって善玉の忘却が停止したら異常が起こる。

④ *コレステロールはよくない。医学がそう言い出して、世間はコレステロールを悪もののように考えて、コレステロールはすべて健康によくないと教えてしまった。しかし、しばらくすると、コレステロールも必要で、すべてを悪玉と見るのは誤っている。体によくない悪玉コレステロールとは別に健康にとって不可欠な善玉コレステロールがあると言われるようになった。一般の人間は目を白黒させなければならなかった。それに似ているのが忘却で、やはり善玉と悪玉がある。

⑤ 忘却はよろしくない。というのは悪玉忘却のことである。すべて忘却を抑えたら、とんでもないことになる。善玉忘却は歓迎すべきものである。そういうことは、しかし、悪玉コレステロールに対する善玉コレステロールがあるようにははっきり認知されていない。忘却に悪玉と善玉のあることすら、わかっていない。そのために、せっかくの頭を悪くし

ウ 頭の中を整理するための忘却はよいことである。

エ 悪玉忘却を抑えて何でも覚えることが大切だ。

□

問四 ④段落の働きの説明として最もよいものを次から選んで、記号を書きなさい。

ア ③段落の理由　イ 文章全体の結論

ウ ③段落のたとえ　エ 文章全体への反論

□

問五 この文章で筆者が最も言いたかったこととして最もよいものを次から選んで、記号を書きなさい。

ア 歓迎するべき忘却があることを知らず、忘却をおそれてばかりいると、かえって頭が悪くなってしまう。

イ 悪玉コレステロールだけでなく善玉コレステロールがあることを人々はわかっていない。

ウ 自分の頭を悪くしないためには、忘却を抑えず積極的に忘れることが大切だと知るべきだ。

エ よい論文を書くには、知識はもちろんのこと、自分の頭を働かせて思考する力も必要である。

□

ヒント ⑤段落に筆者の意見がまとめられている。

ハイレベル

深めよう

答え25ページ

❶ 次の文章を読んで、問題に答えなさい。

[1] 人から教えてもらえるのは、単なる体験のレベルである。技術の基本を教わることはできる。ちょっとしたルール、躰の使い方、何が良くて、何が間違っているのか、などのディテール*。これらの基礎的な部分は、それぞれのジャンルで体系化され、言葉で伝達できるように整理されている。だからこそ、教えてもらうことができる。①この状況が、学校というものを成立させ、教育の大部分のステップ*となっている。

[2] [②]、創造的な体験は、自分の頭の中から湧き出るもの、極めて個人的な体験であるため、外部からは、せいぜいヒント的なものしか得られない。しかも、そのヒントさえも自分が見つけるものである。「これがあなたの上達のヒントです」と教えてもらえるようなものでは基本的にない。もし外部から与えられたら、それはもう創造的ではなくなるからだ。

[3] 一対一の個人レッスンを受けるような状況が長期間継続し、個人の成長までをも見守り、その人の個性を充分に理解した指導者ならば、ヒントが幾分的確に出せる、という程度だろう。③学校のように多人数を指導しなければならない先生には、全く不可能な行為といえる。

問一 ——線①「この状況」とありますが、これはどんな状況ですか。

（　　　　）

問二 [②]・[④]に入る言葉の組み合わせとして最もよいものを次から選んで、記号を書きなさい。

ア ②そのうえ　④しかし

イ ②たとえば　④そのうえ

ウ ②しかし　④つまり

エ ②つまり　④例えば

問三 [2]段落の要点として最もよいものを次から選んで、記号を書きなさい。

ア 創造的でない体験を創造的な体験にする必要がある。

イ 創造的な体験は自分一人でしか体験できないものだ。

ウ 上達のヒントを外部から教えてもらってはいけない。

エ 創造的な体験には外部からのヒントが必要だ。

問四 ——線③「学校のように多人数を指導しなければならない先生には、全く不可能な行為」とありますが、学校の先生にはどんなことが不可能なのですか。

学習した日　月　日

4 ある個人をずっと見守っているのは、結局は本人以外にいない。［④］、もし学ぼうと思ったら、自分を先生にするしかない、という理屈になる。

5 自身を見守るには、⑤自分を客観視できなければならない。自分がどう考え、どうしたいのかを常に観察する別の自分が、あなたを指導する適任者である。

6 自分が感情的になったときも、その冷静な先生が、あなたを落ち着かせるだろう。この先生は、周囲とあなたの関係にも目を配って、的確なアドバイスをしてくれるから、あなたは、もう周囲を気にすることはない。むやみに他者と自分を比較して、傲ったり、あるいは僻んだりする必要もない。

7 感情的なエネルギィは、自分の創造にぶつける。自分の感性を自分の思考に注ぎ込むことができるようになれば、創造的な「勉強」が可能になるだろう。結局は、そういった道理で、本当の勉強の楽しさが湧き上がってくるものだ、と考えられる。

〈森博嗣「勉強の価値」による〉

＊ディテール…細かい部分。
＊ステップ…一つの段階。

問五　――線⑤「自分を客観視」とありますが、自分を客観視するとはどのようにすることですか。二十字以上、二十五字以内で書きなさい。

問六　この文章の要旨として最もよいものを次から選んで、記号を書きなさい。

ア　創造的な勉強のためには、感情のエネルギィ以外を注がないことが大切である。
イ　きちんとした道理を通すことが、創造的な勉強の楽しさを感じさせる。
ウ　創造的な体験においては、先生の存在が勉強をつまらなくしてしまう。
エ　創造的な勉強をするには、自分自身を先生にして学ぶことが大切である。

チャレンジテスト

5章 説明文をきわめる

時間30分 得点 点 答え26ページ

学習した日 月 日

1 次の文章を読んで、問題に答えなさい。

1 みなさんの家では新聞を取っていますか？ 取っていない家庭が多いと思います。①今はインターネットが普及しているので、わざわざ新聞を取らなくても、ネットで無料の情報が好きなだけ検索できるようになっています。

2 「新聞なんて、必要なの？」そんな声も聞こえてきそうですね。②でも新聞はやはり必要だと私は思います。ネットにメリットがあるように、新聞にもメリットがあるんです。

3 そのメリットは何かというと、ひとつにはネットの画面で見るより、③紙に印刷された文字で読むほうが記憶が定着することです。

4 ネットの情報はどうしても画面をサーッと流してしまいがちです。感覚的に文字が頭にひっかからないので、記憶にあまり残らない。サーッと読めてしまうのが、ネットの良いところでもあるのですが、記憶に定着するかという点で見たら、紙に印刷されたもののほうが、圧倒的に有効なのではないでしょうか。

5 なぜかというと、紙に印刷されたものは、文章が書いてあった場所や形を記憶にとどめやすいからです。

問一 ――線①「今はインターネットが普及しているので、わざわざ新聞を取らなくても、ネットで無料の情報が好きなだけ検索できるようになっています。」、②「でも新聞はやはり必要だと私は思います。」とありますが、これは「事実」と「意見」のどちらですか。 一つ4（8点）

① （　　　）　② （　　　）

問二 ――線③「紙に印刷された文字で読むほうが記憶が定着する」とありますが、それはなぜですか。（8点）

（　　　）

問三 ――線④「教科書もそうですね。」とありますが、これはどういうことですか。（8点）

（　　　）

6 みなさんも新聞の紙面を思いだしてみてください。見出しの位置や大きさがみな違いますし、記事が縦長だったり、横長だったり、レイアウトがいろいろですね。みな違うので、記憶にひっかかるフックがたくさんあるのです。

7 ④教科書もそうですね。私は世界史や日本史を勉強するとき、「あの話は教科書の右上に書いてあった」「あの項目は左すみにあった」など、場所や位置で記憶していました。

8 ⑤もしそれらの事項がバラバラにタブレットの画面に出てきたら、ものすごく記憶しづらかったと思います。ネットの場合、全部が横書きの同じパターンで出てくるので、メリハリがなく、記憶に残りにくいのです。

9 たとえていえば、新聞の面は住宅地で、そこに掲載されている記事は家のようなものです。新聞の場合はいろいろな形の家がさまざまなレイアウトで存在しているので、⑥和風テイストのあの家とか、赤い屋根の洋館のあの家などと、ひとつひとつが記憶しやすい。

10 一方、ネットの記事は整理されているので、同じ形の家がずっと続いていくような感じです。⑦人工的な街なみなので、どの家をとっても記憶しづらいのです。

問四 ⑤・⑦に入る言葉として最もよいものをそれぞれ次から選んで、記号を書きなさい。 一つ4〔8点〕

⑤
ア でも　イ すなわち
ウ さて　エ なぜなら

⑦
ア しかし　イ ところで
ウ つまり　エ 例えば

⑤ □
⑦ □

問五 ——線⑥「和風テイストのあの家とか、赤い屋根の洋館のあの家」とありますが、ここでの「家」は何をたとえていますか。五字以内で書きなさい。〔8点〕

11 新聞のほうがいろいろな記事を、航空図のように一覧できる良さがあります。

12 この「一覧性」が新聞のメリットです。ぱっと開いたときに全体を見通しやすいので、ざっと見出しを見て、その中でセレクトして記事を読むことができます。

13 ネットは順番に流して見ていくことしかできませんから、新聞のような「一覧性」はないわけです。

14 もちろんネットにも良い点はあります。記事を検索することにかけてはネットの右に出るものはありません。過去の記事の検索はネットなら一発でできます。関連する記事をまとめて読むこともできます。

15 これが新聞だと、図書館まで行って、いちいち他の新聞を調べたり、過去の縮刷版を広げなければいけません。その手間たるや、考えただけで［⑧］なります。ネットがない時代は、一日中、図書館にこもってそんなこともしていたわけです。

16 そう考えると⑨ネットの便利さははかりしれません。でもだからといって、ネットだけで事足りるわけではないと私は思います。

17 印刷された新聞ならではの良さがある。それを忘れてはいけないと私は思います。

18 ⑩新聞を読むメリットはそれだけではありません。新聞を

問六 ［⑧］に入る慣用句として最もよいものを次から選んで、記号を書きなさい。〔4点〕

ア 気が遠く　イ 気が早く　ウ 気が小さく　エ 気が長く

［　　］

問七 ——線⑨「ネットの便利さ」とありますが、便利である理由を次のようにまとめたとき、［　］に入る言葉を文章中の言葉を使って(1)は五字、(2)は二十字以内で書きなさい。一つ6〔12点〕

記事を (1)［　　　　　］できるので、(2)［　　　　　　　　　　　　　　　　　　　　］ことができる点。

問八 ——線⑩「新聞を読むメリット」を三つ書きなさい。一つ6〔18点〕

（　　　　）

（　　　　）

（　　　　）

読んでいると、毎日情報が入ってくるので、「情報感度」が上がって、人と深い話ができるのです。新聞を読んでいる者同士であれば、当たり前に政治や経済の話ができます。

19 でも一人が新聞を読んでいてもう一人が読んでいなければ、そういう話はできません。「この人、ニュースを知らないな」と気づかれると、そもそも相手はそういう話題はふってこないし、仮にしたとしても、議論は深まりません。

20 そうなりますと、どうしても社会以外のことに話題が行ってしまいます。「あのお店は美味しいよ」とか「最近、元気？」とか、⑪ごく日常的な話題ばかりになってしまい、そういう次元の話ばかりしていると、社会に向けて意識が向きづらくなります。

〈齋藤孝「新聞力——できる人はこう読んでいる」による〉

問九 ——線⑪「ごく日常的な話題」とありますが、これと対照的なものの例として挙げられているものを、文章中から七字で書きぬきなさい。〈6点〉

問十 この文章の中で、筆者の意見がまとめて表されている部分として最もよいものを次から選んで、記号を書きなさい。〈10点〉

ア なぜかというと、紙に印刷されたものは、文章が書いてあった場所や形を記憶にとどめやすいからです。

イ 新聞のほうがいろいろな記事を、航空図のように一覧できる良さがあります。

ウ 印刷された新聞ならではの良さがある。それを忘れてはいけないと私は思います。

エ 新聞を読んでいる者同士であれば、当たり前に政治や経済の話ができます。

問十一 文章全体を大きく四つに分けたとき、その分け方として最もよいものを次から選んで、記号を書きなさい。〈10点〉

ア 1〜2／3〜9／10〜16／17〜20

イ 1〜2／3〜10／11〜17／18〜20

ウ 1〜3／4〜10／11〜17／18〜20

14 詩・短歌・俳句の表現

標準レベル　確かめよう　答え27ページ

1 次の詩を読んで、問題に答えなさい。

貝殻(かいがら)

新美南吉(にいみなんきち)

かなしきときは
貝殻鳴らそ。
二つ合わせて息吹(いぶ)きをこめて。
静かに鳴らそ、
貝がらを。

誰(だれ)もその音(ね)を
きかずとも、
風にかなしく消ゆるとも、
せめてじぶんを
あたためん。
静かに鳴らそ
貝殻を。

問一　この詩の第一連(1〜5行目)、第二連(6〜10行目)の説明として、最もよいものを次から一つずつ選んで、記号を書きなさい。

ア　擬人法(ぎじんほう)を用いている。
イ　倒置法(とうちほう)を用いている。
ウ　体言止めを用いている。
エ　七音と五音をくり返す定型になっている。

第一連［　］　第二連［　］

問二　――線「あたためん」の意味を、考えて書きなさい。

（　　　　）

ヒント　「倒置法」とは、語順を入れかえて強調する技法。

問三　この作品から読み取れる、貝殻(かいがら)を鳴らす理由を次のように説明したとき［　］に入る言葉を書きなさい。

悲しい気持ちになったとき、自分を［　　　　］。

知っトク！ポイント　7ページ

学習した日　月　日

2 次の短歌を読んで、問題に答えなさい。

① 鬼灯を口にふくみて鳴らすごと
蛙は鳴くも夏の浅夜を
長塚 節

（意味）ほおずきを口にふくんで鳴らすように、蛙が鳴いているよ。すぐに明けてしまう夏の夜を楽しむように。

② おりたちて今朝の寒さを驚きぬ
霜しとしとと柿の落ち葉深く
伊藤佐千夫

（意味）何気なく庭に降り立って、今朝の寒さに驚いた。しっとりと霜にぬれて、柿の落ち葉も深々と積み重なっているよ。

問一　①・②の短歌の句切れとして最もよいものを次から一つずつ選んで、記号を書きなさい。

ア　初句切れ　　イ　二句切れ
ウ　三句切れ　　エ　四句切れ

① [　]　② [　]

ヒント「句切れ」とは、意味を考えて読んだときに「。」が付く部分。

問二　——線「鬼灯」とありますが、何をほおずきの音にたとえていますか。

（　　　　）

3 次の俳句を読んで、問題に答えなさい。

① 咲きみちて庭盛り上がる桜草
山口青邨

② うつくしや障子の穴の天の川
小林一茶

問一　①、②の俳句の季語を書きぬいて、その季語が表す季節を漢字一字で書きなさい。

①　季語 [　]　季節 [　]
②　季語 [　]　季節 [　]

問二　——線「うつくしや」とありますが、何をうつくしいといっているのですか。[　]に入る言葉を書きなさい。

障子のやぶれた穴から [　　　　]。

ハイレベル　深めよう

答え 27ページ

1 次の詩を読んで、問題に答えなさい。

未確認飛行物体　　入沢康夫

薬罐だって、
空を飛ばないとはかぎらない。

水のいっぱい入った薬罐が
夜ごと、こっそり台所をぬけ出し、
町の上を、
畑の上を、また、つぎの町の上を
心もち身をかしげて、
一生けんめいに飛んで行く。
天の河の下、渡りの雁の列の下、
人工衛星の弧の下を、
息せき切って、飛んで、飛んで、
(でももちろん、そんなに早かないんだ)
そのあげく、
砂漠のまん中に一輪咲いた淋しい花、
大好きなその白い花に、
水をみんなやって戻って来る。

問一 ――線「一生けんめいに飛んで行く」とありますが、この様子を反復法を使って表現している一行を、詩の中から書きぬきなさい。

(　　　　)

問二 ～～線「薬罐」とありますが、何のために空を飛んでいるのですか。

(　　　　)

問三 この詩の鑑賞文として最もよいものを次から選んで、記号を書きなさい。

ア 作者の見た薬罐の様子が、生き生きとえがかれている。
イ 薬罐の孤独が、作者の想像によってえがかれている。
ウ 薬罐が飛んだことへの作者のおどろきがえがかれている。
エ 薬罐のやさしい思いが、ユーモラスにえがかれている。

□

学習した日　月　日

郵便はがき

おそれいりますが，切手をおはりください。

141-8426

東京都品川区西五反田２－11－８
(株)文理

「トクとトクイになる！
小学ハイレベルワーク」
アンケート 係

ご住所	〒　都道府県　市区郡　電話　－　－		
お名前	フリガナ	男・女	学年　年
お買上げ月	年　月	学習塾に	□通っている　□通っていない
スマートフォンを	□持っている　□持っていない		

＊ご住所は町名・番地までお書きください。

✂はがきで送られる方はここを切り取ってください。

「トクとトクイになる！ 小学ハイレベルワーク」をお買い上げいただき，ありがとうございました。今後のよりよい本づくりのため，裏にありますアンケートにお答えください。

アンケートにご協力くださった方の中から，抽選で（年２回），**図書カード1000円分**をさしあげます。（当選者の発表は賞品の発送をもってかえさせていただきます。）なお，このアンケートで得た情報は，ほかのことには使用いたしません。

《はがきで送られる方》

① 左のはがきの下のらんに，お名前など必要事項をお書きください。
② 裏にあるアンケートの回答を，右にある回答記入らんにお書きください。
③ 点線にそってはがきを切り離し，お手数ですが，左上に切手をはって，ポストに投函してください。

《インターネットで送られる方》

文理のホームページよりアンケートのページにお進みいただき，ご回答ください。

https://portal.bunri.jp/questionnaire.html

アンケート

●次のアンケートにお答えください。回答は右のらんにあてはまる□をぬってください。

[1] 今回お買い上げになった教科は何ですか。
①国語　②算数　③理科　④社会

[2] 今回お買い上げになった学年は何ですか。
①1年　②2年　③3年
④4年　⑤5年　⑥6年
⑦1・2年(理科と社会)　⑧3・4年(理科と社会)

[3] この本をお選びになったのはどなたですか。
①お子様　②保護者様　③その他

[4] この本を選ばれた決め手は何ですか。(複数可)
①内容・レベルがちょうどよいので。
②カラーで見やすく，わかりやすいので。
③「答えと考え方」がくわしいので。
④中学受験を考えているので。
⑤自動採点 CBT がついているので。
⑥付録がついているので。
⑦知り合いにすすめられたので。
⑧書店やネットなどですすめられていたので。
⑨その他

[5] どのような使い方をされていますか。(複数可)
①お子様が一人で使用
②保護者様とごいっしょに使用
③答え合わせだけ，保護者様とごいっしょに使用
④その他

[6] 内容はいかがでしたか。
①わかりやすい　②ややわかりにくい
③わかりにくい　④その他

[7] 問題の量はいかがでしたか。
①ちょうどよい　②多い　③少ない

[8] 問題のレベルはいかがでしたか。
①ちょうどよい　②難しい　③やさしい

[9] ページ数はいかがでしたか。
①ちょうどよい　②多い　③少ない

[10] 表紙デザインはいかがでしたか。
①よい　②ふつう　③よくない

[11] 別冊の「答えと考え方」はいかがでしたか。
①ちょうどよい　②もっとくわしく
③もっと簡単でよい　④その他

[12] 付属の自動採点 CBT はいかがでしたか。
①役に立つ　②役に立たない
③使用していない

[13] 役に立った付録は何ですか。(複数可)
①しあげのテスト（理科と社会の1・2年をのぞく）
②問題シール（理科と社会の1・2年）
③ WEB でもっと解説（算数のみ）

[14] 学習記録アプリ［まなサポ］はいかがですか。
①役に立つ　②役に立たない　③使用していない

[15] 文理の問題集で，使用したことのあるものがあれば教えてください。(複数可)
①小学教科書ワーク
②小学教科書ドリル
③小学教科書ガイド
④できる!!がふえる♪ドリル
⑤トップクラス問題集
⑥全科まとめて
⑦ハイレベル算数ドリル
⑧その他

[16]「トクとトクイになる！ 小学ハイレベルワーク」シリーズに追加発行してほしい学年・分野・教科などがありましたら，教えてください。

[17] この本について，ご感想やご意見・ご要望がありましたら，教えてください。

[18] この本の他に，お使いになっている参考書や問題集がございましたら，教えてください。また，どんな点がよかったかも教えてください。

アンケートの回答：記入らん

[1] □①　□②　□③　□④
[2] □①　□②　□③　□④　□⑤　□⑥　□⑦　□⑧
[3] □①　□②　□③(　　　　)
[4] □①　□②　□③　□④　□⑤　□⑥　□⑦　□⑧　□⑨(　　　　)
[5] □①　□②　□③　□④(　　　　)
[6] □①　□②　□③　□④(　　　　)
[7] □①　□②　□③
[8] □①　□②　□③
[9] □①　□②　□③
[10] □①　□②　□③
[11] □①　□②　□③　□④(　　　　)
[12] □①　□②　□③
[13] □①　□②　□③
[14] □①　□②　□③
[15] □①　□②　□③　□④　□⑤　□⑥　□⑦　□⑧(　　　　)
[16]
[17]
[18]

ご協力ありがとうございました。トクトク小学ハイレベルワーク

2 次の短歌を読んで、問題に答えなさい。

① 熟田津に船乗りせむと月待てば潮もかなひぬ今は漕ぎ出でな　額田王

*熟田津…愛媛県松山市付近にあった船着き場。
*乗りせむ…乗ろうと。　*かなひぬ…ぴったり合う。
*漕ぎ出でな…漕ぎ出そう。

② 観覧車回れよ回れ想ひ出は君には一日我には一生　栗木京子

問一 ②で使われている表現技法を次から選んで、記号を書きなさい。

ア 倒置法　イ 体言止め
ウ 擬人法　エ 直喩

問二 ①・②の短歌の鑑賞文として最もよいものを次から一つずつ選んで、記号を書きなさい。

ア 今を特別な時間と感じる作者の心情をよんでいる。
イ 昔をなつかしく思い出す作者の心情をよんでいる。
ウ 船出の準備が整ったときの作者の決意をよんでいる。
エ 季節の変化を感じ取った作者の喜びをよんでいる。

①
②

3 次の俳句を読んで、問題に答えなさい。

① とどまればあたりにふゆる蜻蛉かな　中村汀女

② 手袋をとりたての手の暖かく　星野立子

問一 ①・②の俳句の季語を書きぬいて、その季語が表す季節を漢字一字で書きなさい。

① 季語　季節
② 季語　季節

問二 ②の俳句でよまれている心情として最もよいものを次から選んで、記号を書きなさい。

ア 悲しみ　イ 不安
ウ 喜び　エ あきらめ

時間 20分　得点　　点　答え 28ページ

学習した日　　月　　日

1 次の詩を読んで、問題に答えなさい。

しろい春

吉原幸子

鏡の向こうに誰がいるのかと
犬は　かぎながらうらへまわってみます

いま　白いノートの季節
鏡の向こうにいるのは
明日のあなた
白いあなた
これから誰にでもなれるあなた
けれどいそいで裏側へまわってみても
あなたは　あなたにさわれないのです　いつも
汗や涙を流すのは　①ここ
衿足をそるこそばゆさも　②ここ
これから何をでも書けるのは
あたらしいペンをもつ　あなたの指さき

校庭の風
白いノートのまぶしい季節

問一 この詩に用いられている表現技法を、次から二つ選んで、記号を書きなさい。　一つ5〔10点〕

ア　体言止め　　イ　直喩
ウ　倒置法　　エ　擬人法

［　　］［　　］

問二 ――線①「ここ」、――線②「ここ」とありますが、この言葉が表している意味を、詩の中から二字で書きぬきなさい。　〔9点〕

［　　］

問三 この詩の内容や、作者の思いを次のように説明したとき、［　］に入る言葉をそれぞれ書きなさい。　一つ10〔20点〕

鏡の中にいる自分にさわれないという表現で、未来が［　　　　］を表しているが、「白いノート」や「これから何をでも書ける」などの言葉は「あなた」の未来にいろいろな［　　　　］があることを表している。

2 次の短歌を読んで、問題に答えなさい。

① 名にしおわばいざ言問わん都鳥
わが思う人はありやなしやと
在原業平

＊名にしおわば…（都鳥という）名前であるのならば。
＊ありやなしやと…無事でいるかどうかと。

② 夕焼け空焦げきわまれる下にして
氷らんとする湖の静けさ
島木赤彦

＊焦げきわまれる…（西の空を）焼きつくすかのような。

問一 ①・②の短歌に共通している表現上の特徴として、最もよいものを次から選んで、記号を書きなさい。〔5点〕

ア 比喩　イ 倒置法
ウ 三句切れ　エ 字余り

問二 ①・②の短歌の鑑賞文として最もよいものをそれぞれ次から一つずつ選んで、記号を書きなさい。一つ10〔20点〕

ア 作者は対照的な二つの風景を見事に対比している。
イ 作者は自由になりたいという願望をいだいている。
ウ 作者は視覚以外の感覚で季節の変化をとらえている。
エ 作者は旅先で思い人の現在に思いをはせている。

①　②

3 次の俳句を読んで、問題に答えなさい。

① 行水の捨て所なし虫の声
上島鬼貫

＊行水…たらいなどに水や湯を入れて、水浴びをしたり、体を洗ったりすること。

② 瀧落ちて群青世界とどろけり
水原秋桜子

問一 ①・②の俳句の季語を書きぬき、その季語が表す季節を漢字一字で書きなさい。一つ4〔16点〕

① 季語　季節
② 季語　季節

問二 ①・②の俳句の鑑賞文として、最もよいものをそれぞれ次から一つずつ選んで、記号を書きなさい。一つ10〔20点〕

ア 新たな命が芽生えた情景をそのままえがいている。
イ 視覚と聴覚で感じた雄大な情景を表現している。
ウ 日常の中でふと季節のおとずれを感じ取っている。
エ 寒い時期ならではの美しい情景をよんでいる。

①　②

15 御伽草子・徒然草

標準レベル

確かめよう

答え 29ページ

1 次の文章を読んで、問題に答えなさい。

＊翁、また、瓜の畑に行きて、①やはらかなる瓜一つ取りて、食はんとしける時、「さても、＊いつぞや取りて置きたりつる瓜、いかによりぬらん」とて、取り出しければ、みめかたちのうつくしう、光るほどの姫君なり。おほぢ、＊うば、②ありがたきことに思ひて、申すやう、「さても、＊ありし夜の夢に、かやうのことのあらんずるとて、かねてより、不審の知らせたまひけるよ」と、なのめならず喜びてぞ、明かし暮らして、かしづき育てけり。

【現代語訳】

翁は、また、瓜の畑に行って、よく熟した瓜を一つ取って、食おうとした時に、「それにしても、以前取って置いた瓜は、どのようになったであろうか」と言って、取り出したところ、顔かたちのかわいらしく、光るほどの美しい姫君である。翁と、媼は、めったにないことと思って、申すことには、「それにしても、いつかの夜の夢で、③このようなことがあるだろうといって、前々から、不思議の知らせを下さったのだよ」と、ひととおりでなく喜んで、月日を過ごして、大切に育てた。

〈「御伽草子」による〉

＊翁…年を取った男。「おほぢ」も同じ意味で用いる。
＊いつぞや取りて置きたりつる瓜…以前翁が見つけて取って置いた瓜。
＊うば…年を取った女。媼も同じ意味で用いる。
＊ありし夜の夢…翁と媼は子供に関係する夢を見たことがある。

問一 ――線①「やはらかなる」の読み方をひらがなで書きなさい。

ヒント 古文の語頭でない「は行」は現代かなづかいでは「わ行」に直す。

問二 ――線②「ありがたきこと」とありますが、どのような意味ですか。【現代語訳】から十字以内で書きぬきなさい。

問三 ――線③「このようなこと」とありますが、「このようなこと」が起きて、翁と媼はどんな気持ちになりましたか。最もよいものを次から選んで、記号を書きなさい。

ア おそろしい　イ うれしい
ウ 悲しい　エ 楽しい

知っトク！ポイント 7ページ

学習した日　月　日

ハイレベル

深めよう

答え 29ページ

1 次の文章を読んで、問題に答えなさい。

今日は、その事をなさんと思へど、あらぬ急ぎまづ出(い)で来て、まぎれ暮らし、待つ人は障(さは)りありて、たのめぬ人は来(く)たり、たのみたる方(かた)の事はたがひて、思ひよらぬ道ばかりはかなひぬ。①わづらはしかりつる事はことなくて、やすかるべき事はいと心苦し。日々に過ぎ行くさま、かねて思ひつるには似ず。一年(ひととせ)の中(うち)も②かくのごとし。一生の間もまたしかなり。

かねてのあらまし、みなたがひゆくかと思ふに、おのづからたがはぬ事もあれば、いよいよ物は定めがたし。不定(ふじょう)と心得ぬるのみ、まことにてたがはず。

【現代語訳(げんだいごやく)】

今日は、その事をしようと思うけれど、思いがけない急用が先に出てきて、それにまぎれて一日を過ごしてしまい、待っている人は支障(ししょう)があって、来ることを期待していない人はやってくるし、期待していた方面のことはくいちがっていて、思いもよらない方面だけがうまくいってしまう。めんどうと思っていたことは無事で、たやすいはずのことはたいへんつらい。毎日経過してゆく様子は、前もって思っていたのとはちがっている。一年の間もこれと同様である。一生の間もまたそのとおりである。

前から予想していたことが、みなうまくいかないかと思うと、たまたまはずれないこともあるので、ますます物事は予定することがむずかしい。定めがたく確かでないと承知(しょうち)してしまうことだけが、真実であってまちがいがないのだ。

〈「徒然草(つれづれぐさ)」による〉

問一 ——線①「わづらはしかりつる事」とありますが、これと反対の意味の言葉を探して、本文から書きぬきなさい。

（　　　）

問二 ——線②「かく」とありますが、どんなことを指していますか。【現代語訳(げんだいごやく)】を参考にして書きなさい。

（　　　）

問三 この文章で筆者が言いたいこととして最もよいものを次から選んで、記号を書きなさい。

ア やりたいことほどなかなかやれないものだ。
イ 来てほしくない人に来られるといやなものだ。
ウ 不安でも実際やってみると無事なこともある。
エ 物事は予想どおりにいかないことだけは確かだ。

□

時間 20分 得点 点 答え 30ページ

学習した日 月 日

1 次の文章を読んで、問題に答えなさい。

これも今は昔、比叡の山に児ありけり。僧たちの宵のつれづれに、「いざ、かいもちひせん」と①いひけるを、この児②心寄せに聞きけり。さりとて、し出さんを待ちて、寝ざらんもわろかりなんと③思ひて、片方に寄りて、④寝たる由にて、出で来るを待ちけるに、すでにし出したるさまにて、ひしめき合ひたり。

この児、定めて驚かさんずらんと待ち居たるに、僧の、「物申し候はん。⑤驚かせ給へ」といふを、うれしとは思へども、ただ一度にいらへんも、待ちけるかともぞ思ふとて、今一声呼ばれていらへんと、念じて寝たるほどに、「⑥や、な起こし奉りそ。幼き人は寝入り給ひにけり」といふ声のしければ、⑦あな侘しと思ひて、今一度起こせかしと、思ひ寝に聞けば、ひしひしとただ食ひに食ふ音のしければ、すべなくて、無期の後に、「ゑい」といらへたりければ、僧たち⑧笑ふこと限りなし。

【現代語訳】

これも今では昔のことだが、比叡の山に稚児がいた。僧たちが宵の所在なさに、「さあ、ぼた餅を作ろう」と言ったのを、この稚児は楽しみにして聞いていた。だからといって、作り

問一 ――線①「いひける」、――線③「思ひて」を、現代の仮名づかいに直して書きなさい。〔10点〕

問二 ――線②「心寄せに聞きけり」とありますが、稚児は何を期待して聞いていたのですか。最もよいものを次から選んで、記号を書きなさい。〔10点〕

ア 僧たちのお世話をしなくてすむこと。
イ 僧たちがぼた餅を作ってくれること。
ウ 僧たちにじゃまされずにのんびり遊ぶこと。
エ 僧たちに仕事を任せてゆっくり寝ること。

問三 ――線④「寝たる由にて」とありますが、稚児はなぜ寝たふりをしたのですか。最もよいものを次から選んで、記号を書きなさい。〔10点〕

ア ぼた餅ほしさに寝ずに待つのはよくないと思ったから。
イ ぼた餅を作るのを手伝わされるといけないから。
ウ 仕事もせずに夜ふかししているとしかられるから。
エ いきなり起きて僧たちを驚かせたかったから。

出すのを待っていて、寝ないでいるのもよくないだろうと思って、部屋の片隅に寄って、寝たふりをして、出き上がるのを待っていたが、もう出き上がったようで、がやがやと騒ぎあっている。

　この稚児は、きっと起こしてくれるだろうと待っていると、僧が、「もしもし、目をお覚ましなされ」と言うのを、うれしいとは思うが、ただ一度で返事をしようとするのも、いかにも待っていたのかとも思われると思って、もう一度呼ばれてから返事をしようと、がまんして寝ていたところ、「おい、起こし申しあげなさるな。幼い人は眠ってしまわれたのだ」という声がしたので、ああ困ったと思って、もう一度起こしてくれよと、思いながら寝て聞いていると、むしゃむしゃとただ盛んに食べに食べる音がしたので、どうしようもなくて、長い時間がたった後に、「はい」と返事をしたので、僧たちの笑うこと笑うことときりがなかった。

〈「宇治拾遺物語」による〉

＊児…寺などで働いていた児童。稚児。

＊所在なさに……たいくつなままに。

問四　――線⑤「驚かせ給へ」とありますが、ここでの「驚く」はどんな意味ですか。〔20点〕

（　　　　　　）

問五　――線⑥「や、な起こし奉りそ。」とありますが、僧がそのように言ったのは、なぜですか。〔20点〕

（　　　　　　）

問六　――線⑦「あな侘しと思ひて」とありますが、稚児がそのように思ったのは、なぜですか。〔20点〕

（　　　　　　）

問七　――線⑧「笑ふこと限りなし」とありますが、その理由として、最もよいものを次から選んで、記号を書きなさい。〔10点〕

ア　ぼた餅を作ったといううそに稚児がだまされたから。

イ　稚児のぼた餅の食べ方がかわいらしすぎたから。

ウ　時間差の返事で稚児の寝たふりに気づいたから。

エ　稚児が寝ぼけて大声で返事をしたから。

□

16 物語文

標準レベル 確かめよう

答え 31ページ

学習した日　月　日

1 私（山口）は、西澤、中原、高田（千秋）の四人で、卒業式の*BGMとしてリコーダーを演奏することになりました。この文章を読んで、問題に答えなさい。

「山口、今、暇ある？」

*西澤の問いにうなずいた。私も練習に来たと言う前に、

「アリア、吹いてくれる？」

と西澤は頼んだ。

「いいよ」

西澤が出してきたリコーダー・ケースにソプラノが入っている。私は組み立てて、西澤の隣に座った。不思議な気がした。ソプラノとバスの間には、いつも、アルトとテナーが入る。一番離れている二人なのだ。音も一番離れている。ソプラノとバスだけで吹くアリアは、それも、どこか不思議な感じがした。違う曲のような。①足りない音が多すぎて、スカスカのような。

「うん」

でも、西澤は満足そうにうなずいた。

「やっぱ、吹きやすい。いつも、おまえの音についていって

問一　――線①「足りない音」とありますが、「私」がそのように感じた理由を次のようにまとめたとき、□に入る言葉を、文章中から七字で書きぬきなさい。

「私」と西澤との間に［　　　　　　　］がいないから。

問二　――線②「ため息をもらした」とありますが、「私」がため息をもらした理由を次のようにまとめたとき、□に入る言葉を、文章中から(1)は八字、(2)は四字で書きぬきなさい。

自分は(1)［　　　　　　　　］性格ではなく、(2)［　　　　］が苦手でメロディーが歌えないと感じており、演奏をリードするソプラノには向いていないと思っていたから。

ヒント　「メロディーが歌えない」と思う理由の説明は直後にある。

るからな」

私は思わず②ため息をもらした。

「私さ、そういうリードする柄じゃないじゃない」

「ガラ？」

「えー、だから、みんなを引っ張るみたいなのさ、千秋のほうが向いてるでしょ。ソプラノさ、千秋のほうがいいんじゃないかって、ずっと思ってて」

「高田はアルトじゃないか」

西澤は当たり前のことを当たり前のように言った。

「千秋ならソプラノできるよ。私、アリアがぜんぜんうまく吹けなくて。聴かせる演奏ができなくて。メロディーが歌えないんだ。一生懸命吹いても、なんか、こう、感情表現ができてないんだ」

愚痴というより本音だった。千秋にも言えずにいたことを、なんで西澤にふっとしゃべってしまったのか、わからない。
③「ソプラノは、おまえだから」
西澤は、また当たり前のように言った。こいつ、人の話聞いてるのか、理解してるのか、と、私はムッとした。
④「山口のソプラノだから、俺らはついていける」
黒い四角い縁の眼鏡の奥の目は、淡々としていた。

「もう一回」

問三 ――線③「ソプラノは、おまえだから」とありますが、この言葉を聞いたときの「私」の気持ちとして最もよいものを次から選んで、記号を書きなさい。

ア 西澤に自分の無力さを責められているように感じて落ちこむ気持ち。

イ 西澤に自分のなやみをばかにされたように感じて腹を立てる気持ち。

ウ 西澤が自分の話をわかってくれていないと感じていらだつ気持ち。

エ 西澤に自分の実力を認めてもらえていないと感じて傷つく気持ち。

問四 ――線④「山口のソプラノだから、俺らはついていける」とありますが、このように言ったときの西澤の気持ちはどんなものでしたか。

ヒント どんな人にならこのように言えるかを考える。

西澤はうながすようにうなずいた。

――山口のソプラノだから。

西澤の低い声が、しんと[⑤]にしみた。

私のソプラノ？

⑥吹きながら考えていた。

なんだろう、それは。

西澤が、中原が、千秋が、まず、私のソプラノに合わせてそれぞれの音を出す。その*主旋律を担う役として、とりあえず〝正確〟でいいのかもしれない。信頼があるのなら。⑦西澤がそう言うのなら。

演奏会じゃないんだから。私の、私たちの演奏を聴くために人が集まるんじゃないから。主役は、卒業生。私たちは、三年生を気持ち良く送り出すための役割の一つに過ぎない。卒業証書授与の時のBGM。一番大事なのは、途切れないこと。間違えないこと。安定していること。むしろ目立ち過ぎないほうがいい。控え目に、ひそかに美しいのがいい。そう思うと、⑧何かがふっきれた。

うまく吹こうという力みがとれた時、長く伸ばしたゆったりした音の中に静かな感情がみなぎった。最初のミの音がかつてなく透明に響いた。吹きながら、自分自身が自分の出し

問五 [⑤]に入る言葉として、最もよいものを次から選んで、記号を書きなさい。

ア 目　イ 口　ウ 手　エ 胸　[ ]

ヒント 西澤の言葉が「私」の心にひびいていることから考えよう。

問六 ――線⑥「吹きながら考えていた。」とありますが、「私」はどんなことを考えていたのですか。

（　　　　）

問七 ――線⑦「西澤がそう言うのなら。」とありますが、ここから「私」が西澤をどう思っていると分かりますか。最もよいものを次から選んで、記号を書きなさい。

ア 人の意見を聞き入れないが、それだけ意志の強い人物だと思っている。

イ 考えたことを率直に言ってくれる、信頼できる人物だと思っている。

ウ 冷たく見えるが、だれよりも仲間思いな人物だと思っている。

エ 周りに厳しく接する、人一倍責任感がある人物だと思っている。　[ ]

ヒント 「西澤がそう言うのなら」には「信じられる」などが続く。

た音の中に吸われていくような不思議な集中。続く4度高いラの音がすっきりと出た。トリル*がただの飾りじゃなくて、細かい2音の繰り返しにきりっとした意味がある。情緒豊かに吹くことと、正しい技術で吹くことは、違う作業じゃないんだと思う。

⑨西澤が吹きながら、私の顔を見た。彼が私の変化を感じ取ったことを、私はわかった。

〈佐藤多佳子『第二音楽室』所収「FOUR」による〉

*BGM…雰囲気づくりのために背景で流す音楽。
*アリア…叙情的で、魅力的なメロディーをもつ歌曲や器楽曲。
*主旋律…曲の中心的なメロディー。
*トリル…演奏での短い飾りの音の一つ。

問八 ——線⑧「何かがふっきれた」とありますが、このように「私」が感じたのは、なぜですか。

問九 ——線⑨「西澤が吹きながら、私の顔を見た。」とありますが、なぜですか。最もよいものを次から選んで、記号を書きなさい。

ア 「私」の技術と表現力がうまくかみ合い、音に気持ちを乗せて吹けるようになったから。
イ 「私」の技術が上達して、今まではまちがえていた部分も、簡単に上手に吹けるようになったから。
ウ 「私」が技術の正確さにとらわれず、感情をこめることに集中して、うまく演奏できるようになったから。
エ 「私」が正確に吹けるようになり、感情をこめられない欠点をうまくかくしていたから。

問十 「私」は今までにない演奏ができたことで、どんなことに気づきましたか。「〜こと。」につながるように、文章中から三十一字で探し、初めの五字を書きぬきなさい。

ハイレベル

深めよう

答え 32ページ

❶ モンゴルで暮らしていた駿馬は中学から日本に帰り、すばると知り合います。すばるの目標は亡き父が発見した小惑星の再確認です。ある日、目標の小惑星を見つけた二人は、駿馬のモンゴルの友だちのゲンちゃんに観測をたのみ、報告を待っています。この文章を読んで、問題に答えなさい。

＊オトさんの小惑星を――きっと、たぶん――見つけて、モンゴルからの返事を待っている。特別な夜。だからだろうか、気持ちがふわふわして、夢の中にいるかのようだ。

きっとすばるも①そうなのだろう。いつもより表情が和らいでいる。いまなら、何でもきける気がする。

駿馬は、②自分が出せる一番柔らかい声でたずねた。

「なあすばる。おまえの父ちゃん、どんな人だった？」

そうだな――とすばるもやっぱり、ガーゼケットみたいな声でつぶやいた。

「もの静かな人だったよ。観測も写真も本格的にやるけど、本当に好きなのは望遠鏡をのぞきながら天体をスケッチすることだった。遺品に、学生のころから描きためた月や木星、火星のスケッチが何百枚もあったんだ」

「……親父さんのこと思いだすの、つらい？」

問一　――線①「そう」とありますが、すばるはどのような様子なのですか。文章中から十七字で書きぬきなさい。

ような様子。

問二　――線②「自分が出せる一番柔らかい声でたずねた」とありますが、なぜですか。最もよいものを次から選んで、記号を書きなさい。

ア　普段どおりの口調で亡くなった父親のことをきいてしまうと、すばるをおこらせるのではないかと用心したから。

イ　亡くなった父親のことをききたいが、すばるの気持ちを乱すことがないように精一杯気をつかったから。

ウ　表情が和らいでいる様子のすばるを見て、ききづらい質問をしても大丈夫だと思い、ほっとしたから。

エ　小惑星が見つかりそうで喜ぶすばるの姿から、父親を好きだったのだと感じ、温かい気持ちになったから。

学習した日　月　日

「なぜ？」
③すばるは意外なことを聞いたように目をみはる。
「だって……つらくね？」

おれはつらい、と心の中でつぶやく。

もちろん*ハルザンと、すばるのオトさんをいっしょにはできない。馬と人間、しかもすばるは実の父親だ。でも、駿馬はいまだに、あのきれいな毛なみを思いだすだけで涙が出そうになる。

「つらくはない。死んだオトさんにはもう会えないから、新しく思い出がふえることは絶対にないだろ。だから、何度でも思いだしたい」

「悲しいのって、そのうち忘れるかな」

「忘れないよ。減りもしない。薄れるだけで」

そんなものだろうか。罪悪感も悲しみもいずれ薄れて、ハルザンの流星をいとしく思いだすときがくるのだろうか。もしその日がきたら、さみしくはないのだろうか……。

わからない。けれどすばると話していると、④のどにつっかえていた氷のかたまりが、春の雪のようにゆっくり溶けていく心もちがする。

駿馬は、久しぶりにからりとした気持ちで笑った。

「あー。おれも、ハルザンと走りてえなあ」

問三 ——線③「意外なことを聞いたように」とありますが、すばるはなぜ意外そうな様子をしたのですか。「駿馬からつらいかときかれたが、」に続くように書きなさい。

駿馬からつらいかときかれたが、

（　　　　）

問四 ——線④「のどにつっかえていた氷のかたまりが、春の雪のようにゆっくり溶けていく心もちがする」とありますが、このときの駿馬の気持ちとして最もよいものを次から選んで、記号を書きなさい。

ア 思いだすのもつらかったハルザンとの記憶をなつかしく思えるようになっている。

イ ハルザンを失って以来閉ざしていた心が自然に開き、すばるを受け入れ始めている。

ウ ハルザンに対する痛切な思いが、すばると話すことで次第に和らいできている。

エ いつかは悲しみから解放されると教えてくれたすばるへの感謝があふれている。

□

「ハルザン？」

「おれの馬の友だち。速いんだぜ」

「馬、乗れるのか。鏑木駿馬」

「乗れるよ。これでもうまいんだ。でもめったに乗らない、ならんで走る」

「馬とならんで走る？　野生児……」

「またそれかよ。幼なじみにもよく言われたなあ」

「幼なじみ？　協力してくれた、ゲンちゃんって人？」

「うん」

「鏑木駿馬にはいっぱいいるんだろうな。友だち」

ふつういるだろ、と言いかけて、⑤駿馬は言葉をふとのみこんだ。

友だちがいるというのは、そうふつうのことでもない、と思いなおしたのだった。

陸上部の「友だち」も、駿馬が故障してからはずいぶん減った。春ちゃん先輩も、もう声をかけてこなくなった。

*カガミだって……。

親友だと思っていたアッシュブラウンのクラスメートを思いだして、ため息をつく。

⑥友だちとはふしぎなもので、エレベーターの階数みたいに、ひっきりなしにふえたり減ったりするらしい。少し前まで最

問五　――線⑤「駿馬は言葉をふとのみこんだ」とありますが、その理由を次のようにまとめたとき、□に入る言葉を、十五字以上、二十字以内で書きなさい。

すばるの言葉に答えようと自分をふり返ってみて初めて、［　　　　　　　　　　］ことに気づき、友だちがいるというのは、そうふつうのことでもない、と思いなおしたから。

問六　――線⑥「ひっきりなしに」とありますが、どんな意味ですか。言葉の意味を書きなさい。

（　　　　　　）

問七　――線⑦「けっしてゼロにならない友だち」とありますが、駿馬にとって「ゲンちゃん」以外の「けっしてゼロにならない友だち」を書きなさい。

（　　　　　　）

上階でたくさんの友だちにかこまれていたはずが、気がつけば地下一階にぽつんといることもある。逆に、ゼロだと思ってもその次の日には一人、ふえているかもしれない。

——そして、世の中には⑦けっしてゼロにならない友だちもいるらしい。

たとえばそいつは北極星みたいに位置を変えず、いつもそこにいて、こっちをじっと見つめている。そこにいてくれるだけで心の支えになる、そんな友だち。

ゲンちゃん。そして……。

駿馬は小さくため息をつくと、言った。

「おれ、おまえとそんな友だちになりてぇなあ」

「はぁ!?」

すばるが声を荒らげた。⑧ほっぺたがほんのり赤くなってる。

「そんなって何だよ。あんた、前置きなさすぎ。そんなも何も、あんたと友だちになったおぼえ、ないんだけど」

「細かいこと言うなって」

「あんたは、もうちょっと細かくなった方がいい。いろんな意味で……」

〈黒川裕子「天を掃け」による〉

＊カガミ…駿馬の友だちだった。髪色がアッシュブラウン（灰色っぽい茶色）。

＊ハルザン…死んでしまった駿馬の愛馬。流星のような模様が額にあった。

＊オトさん…すばるは自分の父のことをこう呼んでいる。

問八 ——線⑧「ほっぺたがほんのり赤くなってる。」とありますが、このときのすばるの気持ちとして最もよいものを次から選んで、記号を書きなさい。

ア わけのわからないことを言いだした駿馬に対して、許せないほどの激しいいかりを感じている。

イ 突然友だちあつかいされてうろたえ、多少のいらだちと共に気恥ずかしさを感じている。

ウ 言葉にはしていなかった親しい友だちになりたいという気持ちが、駿馬に通じて喜んでいる。

エ 友だちが多いだろうという話題から、いきなりふしぎなことを言いだした駿馬にあきれている。

問九 この文章から読み取れる駿馬の人物像として最もよいものを次から選んで、記号を書きなさい。

ア 日本での人間関係がうまくいかず、ついかつての友だちをなつかしく思ってしまう気弱な人物。

イ 人に対する不信感と、信じられる友だちもいるはずだという期待とで、心乱れてしまう繊細な人物。

ウ 境遇も感じ方も全くちがう相手とも心を重ね合わせていける、人間関係の築き方のうまい人物。

エ 大切な存在を失った悲しみの中、今の友だちと新しく関係を築こうと前向きになれる人物。

17 説明文

標準レベル

確かめよう

答え 33ページ

1 次の文章を読んで、問題に答えなさい。

[1] 「花が咲いているウメの木に寄ってくる小鳥は、何か」と問えば、①多くの場合、「ウグイス」という答えが返ってきます。「ウメにウグイス」という言葉がよく知られているからです。しかし、花の咲いているウメの木にくる小鳥は、ウグイスではありません。

[2] 「そんなことはない。実際に、ウグイス色の羽根をした小鳥が、花の咲いたウメの木に寄ってきているのを見た」という人が多くいます。[②]、皮肉なことに、③「ウグイス色の羽根の小鳥がウメの木に寄ってきているのを見た」ということが、「ウメの木に寄ってくるのが、ウグイスではない」ということの証しになるのです。

[3] 「いったい、どういうことなのか」との〝ふしぎ〟が浮かんできます。実は、ウグイスの羽根はウグイス色ではないのです。ウグイスの羽根は、ウグイス色ではなく、枯れ葉のようにくすんだ茶色がかった色をし

問一 ——線①「多くの場合、『ウグイス』という答えが返ってきます」とありますが、これに対して、筆者は、どんなことを説明しようとしていますか。次のようにまとめたとき、[(1)]・[(2)]に入る言葉を、それぞれ文章中から四字以内で書きぬきなさい。

実は、花の咲いた[(1)]にくる小鳥は、ウグイス[(2)]ということ。

(1) [　　　　]

(2) [　　　　]

ヒント 「ウグイス」についてどんなことを説明しているのかを読み取る。

問二 [②]・[④]に入る言葉の組み合わせとして最もよいものを次から選んで、記号を書きなさい。

ア ② ところが　④ つまり

イ ② すなわち　④ しかし

ウ ② また　④ すなわち

エ ② しかし　④ 例えば

[　　]

問三 ——線③「『ウグイス色の羽根の小鳥がウメの木に寄ってきているのを見た』ということが、『ウメの木に寄っ

学習した日　月　日

ています。それに対して、メジロという鳥の羽根は、明るい黄緑色をしたウグイス豆やウグイス餅のような〝ウグイス色〟なのです。

4 ④、ウグイス色の羽根をもった小鳥は、ウグイスではなく、メジロなのです。ですから、「ウグイス色の羽根の小鳥が、花の咲いたウメの木に寄ってきているのを見た」ということは、「花の咲いているウメに寄ってきているのは、メジロである」ということの証しになってしまうのです。

5 「ウメの花に寄ってくる小鳥は、ウグイスではなく、メジロである」という根拠は、羽根の色だけではありません。ウグイスには、花の咲いたウメの木を選んで、わざわざ寄ってくる理由がないのです。

6 ウグイスは、藪や茂みの中に住み、クモや虫、その幼虫などを食べて生きています。そのため、ウグイスがクモや虫、その幼虫などを探しにウメの木に寄ってくる可能性が ⑤ 。

7 でも、ウグイスが特に花の咲いたウメの木にわざわざ寄ってくる必然性はないのです。それに対し、メジロは、花の蜜を吸うのが好きな小鳥です。ですから、メジロは、ビワやツバキ、サザンカなどの ⑥ によく寄ってきます。もちろん、花の咲いたウメの木にも寄ってきます。

てくるのが、ウグイスではない』ということの証しになる」とありますが、このようにいえるのは、なぜですか。三十五字以内で書きなさい。

ヒント ウグイスの羽根の色について説明している部分に着目する。

問四 ⑤ に入る言葉として最もよいものを次から選んで、記号を書きなさい。

ア まったくないと言わざるをえません
イ あるかどうかはっきりとしません
ウ まったくないわけではありません
エ あると断言することができます

問五 ⑥ に入る言葉を、六字で考えて書きなさい。

8 メジロは、「メジロ（目白）」という名前の通りに、目のまわりが印象的に白いのです。英語名でも、メジロは「ホワイト・アイ（白い目）」です。もし、ウメの木に小鳥が寄ってきていたら、[⑦]を見て確認してください。メジロだということが確かなものになります。

9 ウグイス豆やウグイス餅のような明るい黄緑色は、メジロ色とはいわれずに、ウグイス色といわれています。でも、私たちの思っているウグイス色は、ほんとうは「メジロ色」といったほうがいいのです。

10 では、⑧「なぜ、メジロの羽根の色をウグイス色というような誤解がおこったのか」との疑問が生まれます。これについて定かなことはわかりません。でも、春の情景を想像すれば、何となくわかるような気がします。

11 春の花の香りを一足早く届けるように、ウメの花が咲きます。そのころ、「ホーホケキョ」という愛嬌のある鳴き声が、春の訪れを告げるように聞こえてきます。これはよく知られたウグイスの鳴き声です。

12 その声を耳にして、ふと、花

問六 [⑦]に入る言葉として最もよいものを次から選んで、記号を書きなさい。

ア その小鳥が蜜を吸う様子とクチバシの形
イ その小鳥が鳴く様子と羽根の色
ウ その小鳥の目の白さとウメの花の形
エ その小鳥の羽根の色と目のまわり

[ ]

問七 ――線⑧「『なぜ、メジロの羽根の色をウグイス色というような誤解がおこったのか』との疑問」とありますが、この疑問に対する筆者の考えを、次のようにまとめたとき、[ ]に入る言葉を、三十字以内で書きなさい。

[ ]ため、ウメの木にいるメジロがウグイスだと誤解されてしまったからだと考えている。

！ヒント ここより後の春の情景について述べている部分に着目する。

の咲いているウメの木を見ると、春にふさわしい明るい黄緑色の羽根をした小鳥がいます。これはメジロなのですが、「この小鳥が鳴いたのだ」という誤解が生まれたのでしょう。そのため、「ウグイスは、黄緑色をしている」と思われ、メジロの羽根の色がウグイス色となったのでしょう。

13「ウメにウグイス」という取り合わせは、「ウメにメジロ」に改められることもなく、広く受け入れられています。その理由は、ウメとウグイスは、ともに春の訪れを感じさせてくれる植物と動物だからです。

〈田中修「植物のひみつ」による〉

問八 ――線「『ウメにウグイス』という言葉がよく知られている」とありますが、この言葉が社会に広く受け入れられているのは、なぜですか。それを説明している一文を文章中から探して、初めの五字を書きぬきなさい。

!ヒント 「ウメ」と「ウグイス」に共通することの説明を探す。

問九 この文章の構成の説明として最もよいものを次から選んで、記号を書きなさい。

ア 3段落初めの疑問文は2段落の内容が解明不可能なことを示し、4段落以降でその理由を論じている。

イ 7段落は「でも」という逆接の接続語から書き始めることで、文章の話題が転換することを示している。

ウ 9段落で羽根の色についての説明をまとめたうえで、10段落の疑問文から新たな話題を展開している。

エ 文章全体でウグイスとメジロを比べ、メジロの性質が優れていることを分かりやすく説明している。

答え 34ページ

❶ 次の文章を読んで、問題に答えなさい。

1 だれかといるときに感じる不安や、だれかと会うことに対する不安を「対人不安」と言います。

2 人づきあいが苦手な人や、友達と会うのは嬉しいけれど無理して疲れるところがあるという人は、心の中に対人不安を抱えている可能性があります。

3 心理学者のバリー・R・シュレンカーとマーク・R・リアリィによれば、対人不安とは、現実の、［①］想像上の対人的場面において、他者から評価されたり評価されることを予想したりすることによって生じる不安、とのことです。

4 ［②］、自分が相手からどのように評価されるかが気になって、不安になるのです。それは、自分が望むような評価が得られないのではないかという不安ともいえます。

5 ③<u>そこには「自己呈示」が絡んでいます。</u>自己呈示とは、他者に対して特定の印象を与えるために、自分に関する情報を操作して与えることを指します。

6 つまり、このように見られたいという意図のもとに、自

問一 ［①］・［②］・［⑥］に入る言葉として最もよいものをそれぞれ次から選んで、記号を書きなさい。

① ア すなわち　イ だが　ウ だから　エ あるいは

② ア つまり　イ たとえば　ウ しかも　エ しかし

⑥ ア すなわち　イ そのうえ　ウ けれども　エ また

① ［　］　② ［　］　⑥ ［　］

問二 ——線③「そこには『自己呈示』が絡んでいます。」とありますが、「自己呈示」の例として当てはまらないものを次から選んで、記号を書きなさい。

ア 積極的でやる気のある人だと見られたいので、授業では自分から進んで発言するようにしている。

イ けがをした人や悩んでいる人に声をかけていたわる姿を見せていれば、やさしい人だと思われるだろう。

ウ 自分は素直な性格なので、特に意識しなくても友達の考えを受け入れたり自分の非を認めたりできる。

エ 本当は人づきあいが苦手なのだが、よい印象をもたれたいので社交的にふるまうようにしている。

［　］

学習した日　月　日

分の出し方を調整することです。

7 これは、あらためて意識することは少ないかもしれませんが、実はだれもがごく自然にやっていることです。「印象操作」とも言います。

8 たとえば、素直でおしとやかな人に見られたいという場合と、積極的でやる気の溢れる人に見られたいという場合とでは、自分の出し方が違っているはずです。やさしい人に見られたいという場合と、たくましい人に見られたいという場合とでも、自分の出し方は違うでしょう。

9 先のシュレンカーとリアリィは、好ましい自己像を呈示しようという自己呈示欲求が強いほど、またその自己呈示がうまくいく主観的確率が低いほど対人不安傾向が強いという、対人不安を自己呈示に結びつけた心理学モデルを提唱しています。

10 ④対人不安の強い人は、人の目に映る自分の姿が自分が望むようなものになっていない、あるいはならないのではないか、ということが気になる人と言えます。

11 これを自己呈示に絡めれば、対人不安の強い人は、うまく自己呈示することで人の目に映る自分の姿を好ましいものにできるという自信の乏しい人と言うことができます。

12 つまり、自分が人の目にどのように映っているか、あるいは映ると予想されるかをめぐる葛藤によって生じる不安が

問三 8段落の役割の説明として最もよいものを次から選んで、記号を書きなさい。

ア 6・7段落の例を挙げている。
イ 6・7段落と反対の内容を述べている。
ウ 7段落の理由を説明している。
エ 7段落の結果を示している。

□

問四 ――線④「対人不安の強い人」とありますが、どんな人の場合に対人不安が強くなるのかを次のようにまとめたとき、(1)に入る言葉として最もよいものをあとから選んで、記号を書きなさい。また、(2)に入る言葉を文章中から十八字で書きぬきなさい。

(1) であるのに、同時に、(2)というような人。

ア 他者からの評価を予想したがる人
イ うまく自己呈示しようとする欲求が強い人
ウ 対人不安を自己呈示に結びつける人
エ 人の目に映る自分の姿を気にしない人

□

対人不安というわけですが、そこに自己呈示が絡んでいるのです。

13 ⑤人からどう見られてもいいと開き直っている人、人のことなど眼中にない自分勝手な人は、対人不安など感じないでしょう。［ ⑥ ］、人に対する配慮があっても、自分に自信がある人は、それほど対人不安に脅かされることはないはずです。

14 しかし、引っ込み思案な人は、自分をうまく出すことができないため、対人不安に苛まれることになります。自分の魅力を効果的に示すことができる社交上手な人を羨ましく思いながら、自分はきっとよい印象を与えられないだろうなあと萎縮してしまいがちです。

15 さらに今は、このような生き方をすると幸せになれるという、⑦理想の自己像をもちにくい時代といえます。男らしくとか女らしくといった「らしさ」の枠組みは薄れ、「自分らしく」生きるのがよいとされます。でも、その「自分らしく」というのが最も難しいのです。

16 どんな生き方が自分らしいのかがわからない。そのため、だれもが自信をもって「これが自分だ」と押し出せない。そんな時代だからこそ、どのような自分の出し方をしても、［ ⑧ ］と気になって仕方がないのです。

問五 ——線⑤「人からどう見られてもいいと開き直っている人、人のことなど眼中にない自分勝手な人は、対人不安など感じない」とありますが、なぜですか。対人不安の原因をふまえて、三十字以内で書きなさい。

問六 ——線⑦「理想の自己像をもちにくい時代といえます」とありますが、なぜですか。四十字以内で書きなさい。

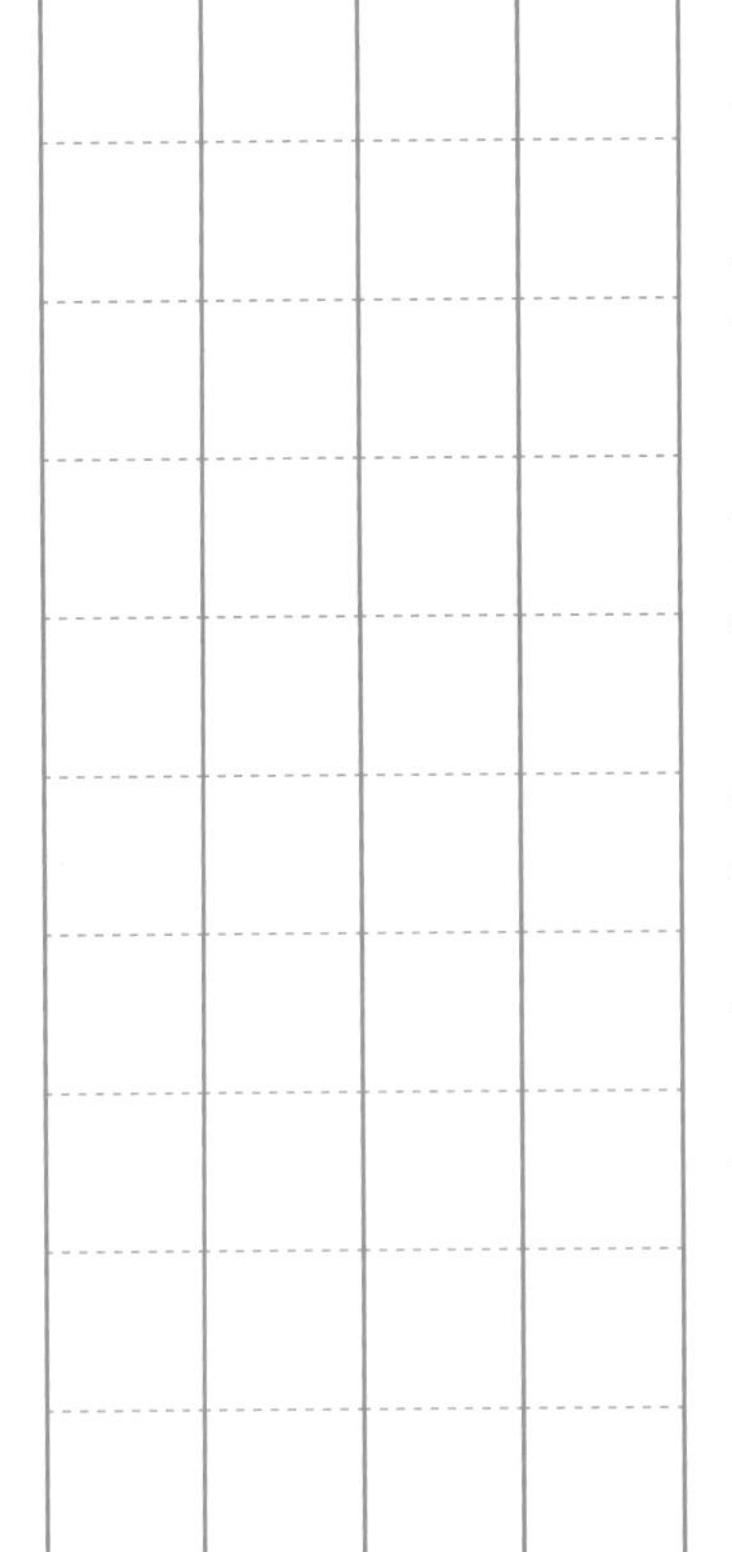

17 自分らしさに正解、不正解はありません。また、相手にこう見られたいという気持ちは悪いものではありませんが、そこにとらわれ過ぎることもないのです。「自分はどうしたいか」をまず第一に考えてみませんか？

〈榎本博明（えのもとひろあき）「孤独（こどく）は、チャンス！」による〉

問七 ⑧ に入る内容として当てはまらないものを次から選んで、記号を書きなさい。

ア 「これでいいのだろうか」
イ 「なんか、ちょっと違（ちが）うかもしれない」
ウ 「おかしな人だと思われてもしかたない」
エ 「どう思われてるんだろう」

問八 筆者の主張を次のように説明したとき、□に入る言葉を、文章中から二十字以内で書きぬきなさい。

自分らしさや人の目を過度に気にすることなく、□行動するのがよいのではないか。

問九 この文章の内容として当てはまらないものを次から選んで、記号を書きなさい。

ア 対人不安は人といたり会ったりするときの不安だ。
イ 自己呈示（じこていじ）はだれもが自然にやっていることだ。
ウ 引っ込（こ）み思案だと対人不安に苛（さいな）まれやすい。
エ 社交上手だと対人不安を感じることはない。

チャレンジテスト 8章 長文を読みきわめる(物語文)

時間 30分 得点 点 答え35ページ

学習した日 月 日

1 活け花教室に通う紗英(私)は、ほかとはちがう自分らしい活け花をしようといろいろ工夫しますが、基本となる「型」から外れて先生から注意されてしまい、家族に相談しています。この文章を読んで、問題に答えなさい。

「あたしの花ってどんな花なんだろう」

濡れた髪を拭き、ほうじ茶を飲みながら漏らした言葉を、祖母も母も姉も聞き逃さなかった。

「紗英の花?」

私らしい、というい方は避けようと思う。自分でも何が私らしいのか、今はよくわからないから。

「あたしが活ける花」

「紗英が活ければぜんぶ紗英の花じゃないの」

母がいう。私は首を振る。

「型ばかり教わってるでしょう、誰が活けても同じ型。あたしはもっとあたしの好きなように」

といいかけて、私の「好き」なんて曖昧で、形がなくて、天気や気分にも左右される、実体のないものだと思う。①そのときそのときの「好き」をどうやって表せばいいんだろう。

母は察したように②穏やかな声になる。

問一 ——線①「そのときそのときの『好き』をどうやって表せばいいんだろう。」とありますが、このときの紗英の気持ちとして最もよいものを次から選んで、記号を書きなさい。〔10点〕

ア 母から適切な助言がもらえなくて、いらだっている。
イ 家族に自分の思いを適切に伝えたいとあせっている。
ウ 自分のつかみどころのなさをもどかしく感じている。
エ 家族から答えを引き出せることを期待している。

問二 ——線②「穏やかな声」とありますが、「母」が穏やかな声を出したのは、なぜですか。最もよいものを次から選んで、記号を書きなさい。〔10点〕

ア 紗英がなやんでいる理由を知りたいと思い、じっくりと時間をかけてくわしく聞き出そうとしたから。
イ 思うように花を活けられない紗英のつらさを感じ取り、母親としてやさしくはげまそうとしたから。
ウ 紗英がかなりいらだっていることに気づき、気持ちを逆なでしないように用心しようとしたから。

「そうねえ、決まりきったことをきちんきちんとこなすっていうのは紗英に向いてないかもしれないわねえ」

そうかな、と返しながら、そうだった、と思っている。すぐに面倒になってしまう。みんながやることなら自分がやらなくてもいいと思ってしまう。

「でもね、そこであきらめちゃだめなのよ。そこはすごく大事なところなの。しっかり身につけておかなきゃならない基礎って、あるのよ」

「根気がないからね、紗英は」

即座に姉が指摘する。

「ラジオ体操、いまだにぜんぶは覚えてないし」

「③将棋だってぜんぜん＊定跡通りに指さないし」

祖母がぴしゃりといい放つ。

「だから勝てないんだよ」

「いいもん、将棋なんか、勝てなくてもいいもん」

姉たちは将棋も強かった。たったひとつの玉を目指して一手ずつ詰めてゆく。ふたりが盤の上できれいな額をつきあわせ、意識を一点に集中させてゆくと、傍にいるだけで息が苦しくなった。④その点、囲碁はいい。盤上のあちこちで陣地の取り合いがある。右辺を取られても左辺が残っている。石ひとつでも形勢が変わる。将棋よりずっと気持ちが楽だ。

エ　紗英のなやみを理解して、型に対する考え方を厳しくならない程度にたしなめようとしたから。

問三　——線③「将棋だってぜんぜん定跡通りに指さないし」とありますが、将棋や囲碁、活け花などで紗英が型通りにやりたがらないのは、なぜですか。最もよいものを次から選んで、記号を書きなさい。〈10点〉

ア　型通りにやるというのは、自由に生きる自分らしくないと感じているから。

イ　自分の好きなように自由にやるのが、勝負事や活け花の本質だと考えているから。

ウ　決まりきったことをきちんとこなすのは面倒で、やる必要を感じられないから。

エ　型通りの行動がうまくやれないことがわかっていて、あきらめてしまうから。

問四　——線④「その点、囲碁はいい。」とありますが、紗英は囲碁についてどのように考えていますか。最もよいものを次から選んで、記号を書きなさい。〈10点〉

ア　将棋とちがって定石を覚えやすい。

イ　変化に富んでいて自由な感覚がある。

ウ　楽しさや美しさを重視せずにやれる。

エ　姉たちと互角に戦うことができる。

「囲碁でもおんなじ。＊定石無視してるから強くなれないのよ。いっつもあっという間に負かされてるじゃない。長い歴史の中で切磋琢磨してきてるわけだからね、定石を覚えるのがいちばん早いの」

「早くなくてもいい」

ただ楽しく打てればいい。そう思って、＊棋譜を覚えてこなかった。数え切れないほどの先人たちの間で考え尽くされた定石がある。それを無視して一朝一夕に上手になれるはずもなかった。

「それがいちばん近いの」

「近くなくてもいい」

姉は根気よく言葉を探す。

「いちばん美しいの」

美しくなくてもいい、とはいえなかった。美しくない囲碁なら打たないほうがいい。美しくないなら花を活ける意味がない。

「紗英はなんにもわかってないね」

祖母が呆れたようにため息をつく。

「⑤型があるから自由になれるんだ」

自分の言葉に一度自分でうなずいて、もう一度繰り返した。

「型があんたを助けてくれるんだよ」

問五 ——線⑤「型があるから自由になれる」とありますが、どういうことですか。〔10点〕

（　　　　　）

問六 ——線⑥「判で押したように」とありますが、この慣用句はどういう意味ですか。〔10点〕

（　　　　　）

問七 ——線⑦「たくさんの知恵に育まれてきた果実みたいなもの。」とありますが、どういうことを表していますか。〔10点〕

（　　　　　）

問八 「型」に対する紗英の気持ちは、文章中でどのように変化しましたか。次のようにまとめたとき、□に入る言葉を、(1)は文章中から十一字で書きぬき、(2)は二十字以内で書きなさい。 一つ10〔20点〕

「型」の通りにやるなら、誰がやっても同じなので、

(1) □□□□□□□□□□□ という気持ちだったが、

はっとした。型が助けてくれる。そうか、と思う。そうだったのか。毎朝毎朝、⑥判で押したように祖母がラジオ体操から一日を始めることに、飽きることはないのかと不思議に思っていた。そうじゃなかったんだ。毎朝のラジオ体操が祖母を助ける。つらい朝も、苦しい朝も、決まった体操から型通りに始めることで、一日をなんとかまわしていくことができたのかもしれない。楽しいことばかりじゃなかった祖母の人生が型によって救われる。そういうことだろうか。

「いちばんを突き詰めていくと、これしかない、というところに行きあたる。それが型というものだと私は思ってるよ」

今、何か、ぞくぞくした。新しくて、古い、とても大事なことを聞いた気がした。それはしばらく*耳朶の辺りをぐるぐるまわり、ようやく私の中に滑り込んでくる。

型って、もしかするとすごいものなんじゃないか。⑦たくさんの知恵に育まれてきた果実みたいなもの。齧ってもみないなんて、あまりにももったいないもの。今は型を身につけるときなのかもしれない。いつか、私自身の花を活けるために。

〈宮下奈都『つぼみ』所収「まだまだ、」による〉

＊定跡…将棋の型。　＊定石…囲碁の型。
＊棋譜…将棋の勝負の手順の記録。　＊耳朶……耳たぶ。

祖母の話を聞いていて、「型」はすごいものではないのかと思い始め、

(2)

という気持ちになっていった。

問九 この文章の表現の特徴について説明したものとして、最もよいものを次から選んで、記号を書きなさい。〔10点〕

ア 会話の間に紗英の心情が細かく挿入されることで、紗英の考えが変化する過程がわかりやすくなっている。

イ 登場人物のせりふが「　」の部分以外にも書かれることで、紗英以外の心情もわかるようにしている。

ウ 紗英から母、祖母へと視点が移り変わることで、紗英や登場人物たちの心情が多面的に描写されている。

エ 短い会話を中心に回想やたとえを織り交ぜることで、紗英のなやみの大きさが伝わりやすくなっている。

チャレンジテスト　8章　長文を読みきわめる（説明文）

時間 30分　得点 点　答え 36ページ

学習した日　月　日

1 次の文章を読んで、問題に答えなさい。

[1] 落語家は、一生言葉に対する感覚を磨いていかなければならない職業である。古今亭志ん生、三遊亭円生、古今亭志ん朝といった名人は、*高座の時はもちろん、日常生活において、見聞きする言葉、自分が発する言葉に対して鋭敏な感受性を持っていたからこそ、あのような話芸を身につけることができたのだろう。落語家の人生とは、[①]②絶えざる言葉の修業であると言っても良い。

[2] ③小説家も、一生言葉の修業をつづけている人たちである。小説とは、単にある意味を伝えたり、ストーリーを展開したりするための*メディアではない。鋭敏な感覚に基づいて言葉の世界をつむぎ、その作品を読まなかったら感じなかったであろうある質感（クオリア）を提示するのが、小説という言葉の芸術の究極のテーマである。そのような言葉の芸術作品をつむぎ出すために、小説家は、日々の生活の中で自分が接する、自分が発する言葉に注意を払い、言葉の修業を続けていく。

問一 [①]・[⑥]に入る言葉として最もよいものをそれぞれ次から選んで、記号を書きなさい。　一つ5〈10点〉

① ア ところで　イ あるいは　ウ つまりは　エ しかし

⑥ ア たとえば　イ すなわち　ウ ところが　エ なぜなら

①［　］　⑥［　］

問二 ――線②「絶えざる」とありますが、この意味として最もよいものを次から選んで、記号を書きなさい。〈5点〉

ア つらい
イ 終わりのない
ウ 難しい
エ たえられない

［　］

問三 ――線③「小説家も、一生言葉の修業をつづけている人たちである。」とありますが、小説家が一生言葉の修業をつづける理由として最もよいものを次から選んで、記号を書きなさい。〈10点〉

3 一生の絶えざる修業の中で、落語家や小説家の脳の中では、他人の使った言葉を見聞きすること、自分自身が言葉を使うことといった様々なエピソードの記憶が次第に集積され、編集され、意味記憶へと変容していくプロセスが進行している。落語家の芸、小説家のスタイルとは、すなわち、その人の脳の中に蓄積された、さまざまなエピソード、意味の記憶に他ならない。

4 落語家、小説家にとっては、修業のオフ・タイム*はない。たとえ、高座に上がったり、小説を執筆したりしていない時でも、およそ言葉を用いる場面ではいつでも、脳の中の④言葉の編集作業は続いているからである。それどころか、言葉を使っていないときでも、脳の神経細胞の自発的な活動と、それにともなうシナプス*の結びつきの変化は続いている。そのような編集作業において、さまざまな要素が奇跡のように作用しあって、名人と呼ばれる落語家が生まれ、偉大な小説家が生まれるのである。

5 ⑤人間は、高度に社会的な動物である。人間がよりよく生きていくために、社会を構成する他者との間に、豊かで建設的な関係を保つことはとても重要である。そして、他者との関係性を築く上で、もっとも重要な役割を担うのは、言うまでもなく言葉である。

ア 周囲の人に小説家として認めてもらうために、自分の発する言葉を磨いていかなければならないから。

イ 日々の生活の中で言葉に注意を払うことが、鋭敏な感覚に基づいて小説をつむぎ出すために必要だから。

ウ 小説で意味を伝えたり、ストーリーを展開したりするために、鋭敏な言葉の感覚を養う必要があるから。

エ 言葉の修業を続けることが、小説という言葉の芸術の究極のテーマだから。

問四 ――線④「言葉の編集作業」とありますが、これはどうすることですか。〔15点〕

問五 ――線⑤「人間は、高度に社会的な動物である。」とありますが、筆者がそのように考える理由を書きなさい。〔15点〕

6 落語家や小説家のような言葉を直接あつかう職業の人に限らず、一般の人々でも、言葉のセンスを磨いていくことは、豊かな人生を送る上でとても大切なことである。

7 ⑥、満員の電車の中で、おばあさんが前に立っているのに、若者が堂々と席に座っていたとしよう。そのようなときに、一体どのような言葉をかけたら、若者のプライドも損なわないし、やんわりと説教もできるし、おばあさんも気兼ねせずに席に座ることができるのか。言葉のセンスが問われる場面である。

8 ちょうど、落語家や小説家がある特定の場面、タイミングで使う言葉にプロのセンスを総動員して心を砕くように、私たちの人生にも、言葉の使い方のセンスが問われる場面が無数にある。自分の子供が学校に行きたくないと言い出したとき、どういう言葉をかけるか、入院した知人を見舞いにいったとき、どのような話題を持ち出すか、職場にカスタマーからクレームの電話が来たときに、どのように対応するか、上司がどう考えてもスケジュール的に無理な仕事を依頼してき

問六 ——線⑦「自分の言葉のセンスを磨くことは、すなわち、人生を豊かにすることである。」とありますが、このようにいえる理由を次のようにまとめたとき、□に入る言葉を、四十字以内で書きなさい。〔15点〕

人生の中で言葉の使い方のセンスが問われる場面で、

問七 この文章の内容の説明として最もよいものを次から選んで、記号を書きなさい。〔10点〕

ア 落語家も小説家も言葉の修業が大切であるが、落語家が見聞きする言葉に鋭敏な感覚を向けるのに対して、小説家は自分の発する言葉に注意を払う。

イ 言葉を用いるすべての場面は言葉の修業が行われていると言えるが、言葉を使わず脳を休めているときには言葉の修業は止まっている。

たとき、何と言って断るか。場面場面で、どのような言葉を発するかによって、人間関係は変わっていってしまうし、人生そのものが変わっていってしまう。

[9] ⑦自分の言葉のセンスを磨くことは、すなわち、人生を豊かにすることである。たとえ、落語家のように高座に上がり、小説家のように本を出版しなくても、全ての人にとって、自分がしゃべること、自分が書くことは絶えざる修業なのである。

〈茂木健一郎「スルメを見てイカがわかるか！」による〉

＊高座…芸を演ずる場所。
＊メディア…媒体。手段。
＊オフ・タイム…休み。
＊シナプス…神経細胞間の接合部。

ウ　名人と言われる落語家や偉大な小説家は、言葉の修業だけでなく人との奇跡的な出会いや社会との関係のようなさまざまな要素によって生まれてくる。

エ　落語家や小説家のような言葉を仕事にしている人だけでなく、一般の人たちにとっても、言葉を使うことは絶えざる修業だと言える。

[ ]

問八　この文章を次のように大きく二つに分けたとき、それぞれの小見出しとして最もよいものを次から一つずつ選んで、記号を書きなさい。　一つ10〔20点〕

(1)　[1]～[4]段落　[(1)]
(2)　[5]～[9]段落　[(2)]

ア　鋭敏な感覚の育て方
イ　落語家、小説家の言葉の修業
ウ　言葉のセンス磨きが人生を豊かにすること
エ　落語家や小説家のプロのセンス

(1) [ ]
(2) [ ]

思考力育成問題

学習した日　月　日

時間 30分　得点　点　答え 37ページ

1 次の資料と会話文を読んで、問題に答えなさい。

【資料1】

テレビやゲームの画面を見る時間の経年変化(男子小学生)

	5時間以上	4～5時間	3～4時間	2～3時間	1～2時間	0～1時間	全く見ない
平成29年度(約54万人)	11.7%	8.2%	12.9%	18.6%	25.8%	19.1%	3.7%
平成30年度(約54万人)	15.2%	9.1%	13.8%	19.3%	24.5%	15.7%	2.4%
令和元年度(約54万人)	15.4%	9.3%	14.2%	20.2%	24.2%	14.4%	2.3%
令和3年度(約53万人)	15.9%	10.2%	15.1%	21.2%	23.5%	12.2%	1.9%

【資料2】

テレビやゲームの画面を見る時間と体力合計点の関連

調査人数:約53万人(男子小学生)

男子全国平均　52.5点

	5時間以上	4～5時間	3～4時間	2～3時間	1～2時間	0～1時間	全く見ない
体力合計点(点)	50.3	51.4	52.1	52.9	53.7	54.0	53.7

スポーツ庁「令和3年度全国体力・運動能力、運動習慣等調査結果」より作成

問一　【資料1】から読み取れることとして最も適切なものを次から選んで、記号を書きなさい。〔10点〕

ア　画面を見る時間が二時間未満の人の割合は、少しずつではあるが年々増えている。

イ　令和三年度では、五時間以上画面を見る人の割合が全体の中で最も多かった。

ウ　平成二十九年度と令和三年度を比べると、画面を見る時間が〇～一時間未満の人の割合は約三分の二に減少している。

エ　平成三十年度から令和元年度にかけての変化では、全ての項目において割合が増えている。

問二　【資料2】から読み取れることとして最もよいものを次から選んで、記号を書きなさい。〔10点〕

ア　画面を見る時間が三時間以上の人は全員体力合計点が全国平均を上回っている。

イ　画面を見る時間が〇～一時間未満の人の体力合計点が、全体の中で最も高い。

ウ　体力合計点の全国平均を超えるためには、テレビやゲームの画面を見ることをやめなければならない。

先生「二つの資料は、男子小学生が学習以外でテレビやゲームの画面を見る時間の経年変化と、その時間と体力との関連を表しています。」

生徒「【資料1】から、年々テレビやゲームの画面を見る時間が増えているといえます。長時間ゲームをする人が増えたのは気軽にゲームができるようになったからですか。」

先生「ここにある資料だけでは分かりませんね。①別の資料を調べれば、その理由が推測できるかもしれません。【資料2】は何を表していますか？」

生徒「テレビやゲームの画面を見る時間と体力合計点との関連を表しています。体力合計点とは何ですか？」

先生「体力合計点は学校の体力テストで種目ごとにつける得点です。合計得点が高いほど体力があるといえます。」

生徒「『全く見ない』と答えた人を除くとテレビやゲームの画面を見る時間が［②］ほど、体力が低いのですね。」

先生「そのとおりですね。では、この二つのグラフをもとにクラスの人にどのように呼びかけるのがよいでしょうか。」

生徒「テレビやゲームの画面ばかり見ていないで運動もしっかりしましょうと呼びかけたいです。」

先生「それでは、さっそく③クラスの人に呼びかけるポスターをかいてみましょう。」

エ　テレビやゲームの画面を五時間以上見る人の割合は、年々高くなっている。

問三　――線①「別の資料」とありますが、どんな資料があればよいと考えられますか。一つ書きなさい。〔10点〕

問四　［②］にはどんな言葉が入りますか。〔5点〕

問五　――線③「クラスの人に呼びかけるポスター」について、次の(1)・(2)の問いに答えなさい。

(1)　生徒の考えにもとづくと【資料1】、【資料2】どちらを中心にポスターをかけばよいですか。番号を書きなさい。〔5点〕

(2)　(1)のようにいえるのは、なぜですか。〔10点〕

2 次の資料と会話文を読んで、問題に答えなさい。

【資料1】

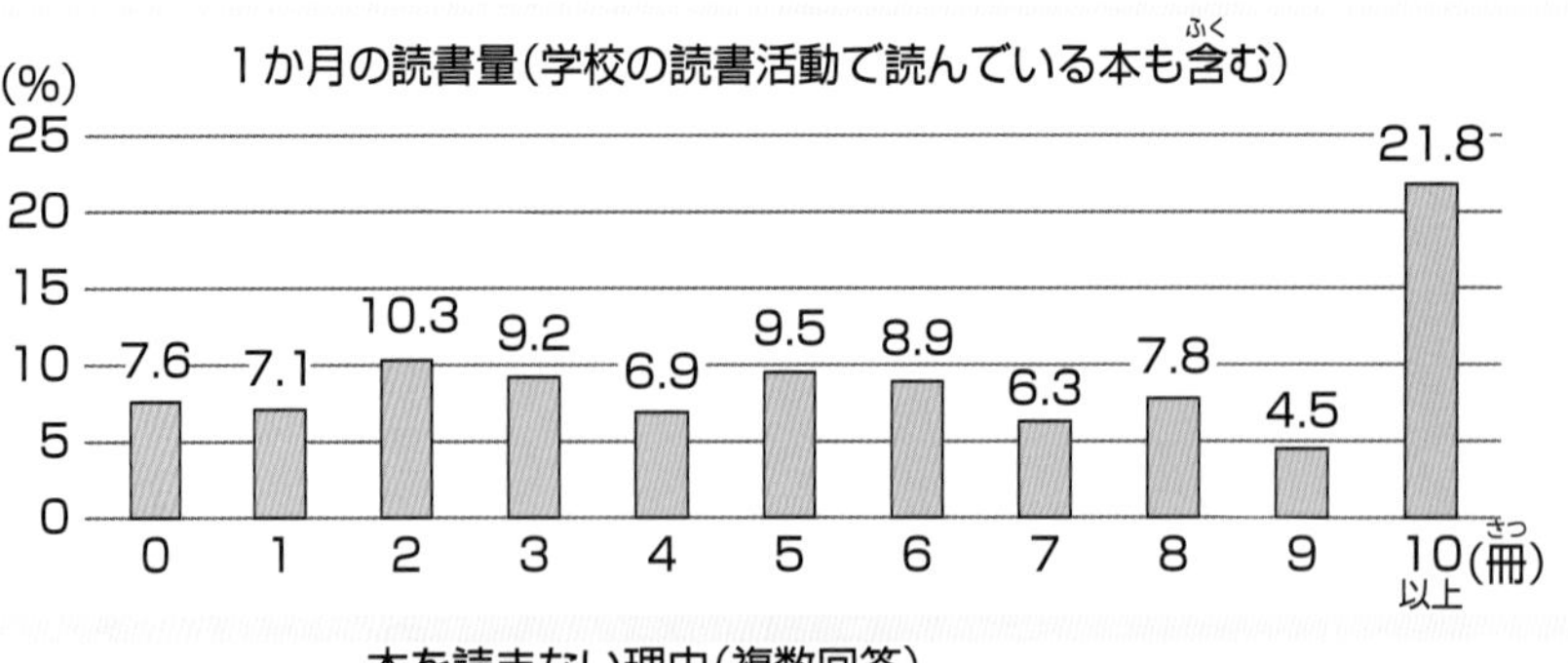

【資料2】

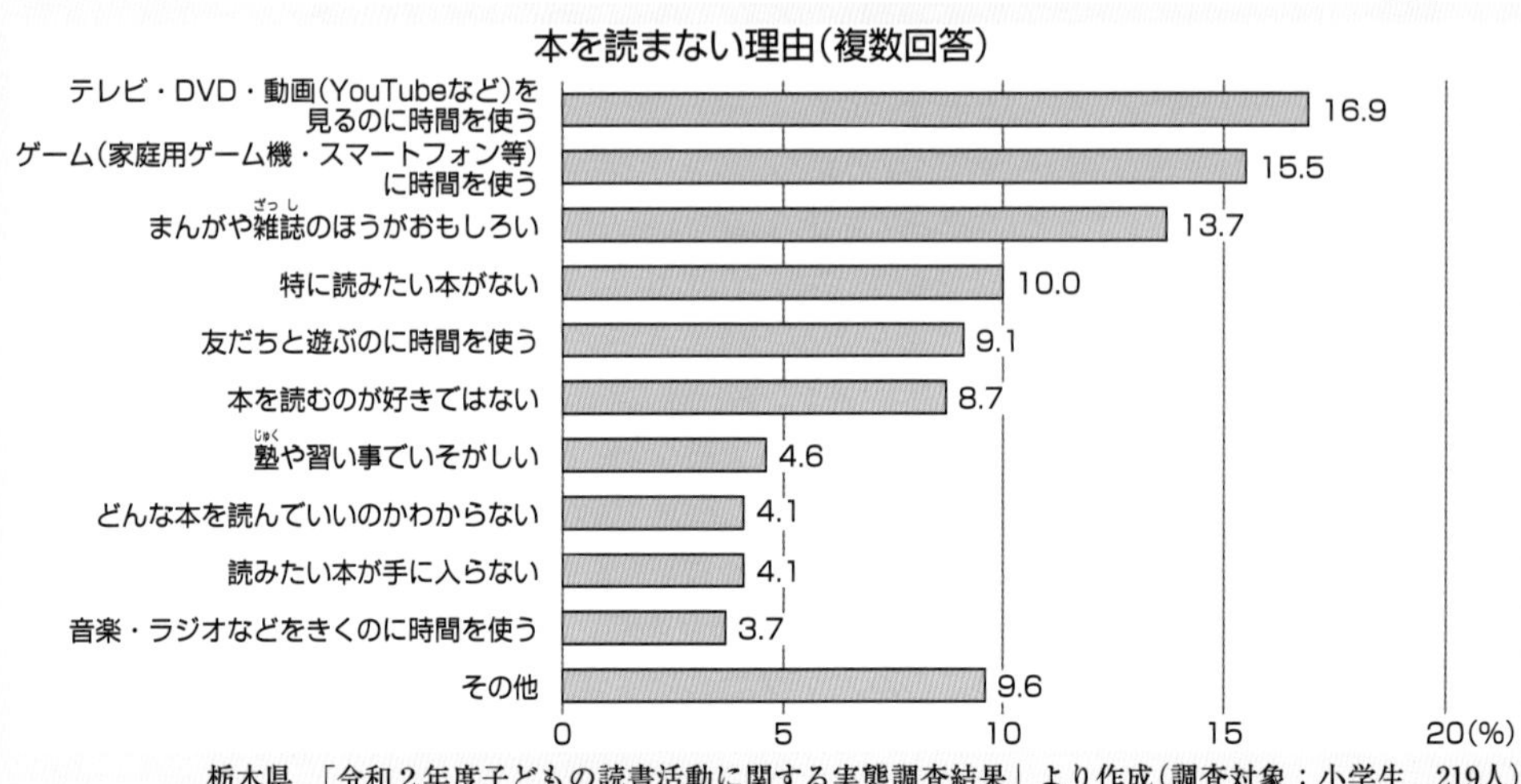

栃木県 「令和２年度子どもの読書活動に関する実態調査結果」より作成（調査対象：小学生 219人）

問一 【資料1】から読み取れることとして最もよいものを次から選んで、記号を書きなさい。〔10点〕

ア 調査対象全体の中で三番目に多いのは、月に三冊本を読む人である。

イ 月に九冊以下しか本を読まない人は、十冊以上本を読む人の四倍以上いる。

ウ 月に十冊以上本を読む人が約二十二パーセントいることは、本を読むのが好きではない人が多いことを表す。

エ 月に五冊以上本を読む人が、調査対象全体の半分以上いる。

問二 【資料2】から読み取れることとして最もよいものを次から選んで、記号を書きなさい。〔10点〕

ア 本を読まない理由の調査項目のうち、四項目が十パーセント以上になっている。

イ どんな本を読んでいいのかわからないと感じている人が、その他を除く全項目の中で最も少ない。

ウ 塾や習い事でいそがしいから本を読まない人は、友だちと遊ぶのに時間を使う人の二倍以上いる。

エ 特に読みたい本がないと答えた人は、同時に本を読むのが好きではない、とも回答している。

Aさん「もうすぐ読書週間です。図書委員会では、みんなに本や図書館に親しんでもらう方法を考えたいと思います。そのために、まずは資料を見てみましょう。」

Bさん「**【資料1】**を見ると、月に十冊以上本を読む人が多いですね。全体の二十パーセントを超えています。」

Cさん「でも、全体の[①]パーセントは月に二冊以下です。この人たちに向けて何か働きかけたいですね。」

Aさん「**【資料2】**がそのヒントになりそうです。」

Cさん「本を読まない理由の中で最も多い三つは似た傾向にあると思います。まとめると、[②]ということになりますね。」

Aさん「そのような理由で本を読まない人たちにも図書館に来てもらえるように工夫しましょう。」

Cさん「[③]のはどうですか。」

Aさん「とてもおもしろいアイデアだと思います。読みたい本がなかったりわからなかったりする人にも強くアピールできそうです。」

Bさん「私は[④]という人たちが気になりました。図書館に置いてほしい本をアンケートで募集し、追加していくのはどうでしょうか。」

Aさん「それもいいですね。本棚を充実させましょう。」

問三 [①]に入る漢数字を書きなさい。〔6点〕

（　　　）

問四 [②]にはどんな言葉が入りますか。〔10点〕

（　　　）

問五 [③]に入る言葉として、最もよいものを次から選んで、記号を書きなさい。〔8点〕

ア ドラマやゲームなどの原作の本をしょうかいする動画を作成し、生徒が見られるようにする

イ 図書委員の活動をしょうかいするイラスト入りのポスターを作り、各学級にはる

ウ 図書委員が読んでおもしろかった本の感想文を書き、全校集会で発表する

エ 読みたい本の見つけ方を図書便りに書き、図書便りを図書室に来た人に配る

[　　]

問六 [④]には**【資料2】**の中の一つの項目が入ります。**【資料2】**から探して書きなさい。〔6点〕

（　　　）

しあげのテスト(1)

※答えは、解答用紙の解答欄に書き入れましょう。※、。「」も一字に数えます。

満点 100点

時間 30分

答え 38ページ

1 学生寮から高校へ通う宮田は、気持ちが不安定になり友達とトラブルを起こすことが続いたため、寮母である杉本に連れられて病院に行きました。その帰り道、宮田は杉本に親元に送り返されるのかとたずねました。この文章を読んで、問題に答えなさい。

私がここにいるよりは、いないほうがいいと思うので。

そう口にしてみると、喉の奥から魚の小骨が取れたかのように、すっと胸が楽になった。

「ここに最初に来た頃は、勉強にもピアノにも自信があったから。自分は価値のある人間なんだって思い込んでました。でもそれも昔の話で、もうあれもこれも、なくなってしまったので」

物言いが軽くなるにつれ、ああ本当にそうだな、という気がしてきて、宮田は気持ち良さすら感じた。①ずっと裏返っていたパネルが、表になっていくような。

一方で、東京へ帰されたらどうなるのだろうとも思っていた。親に捨てられて、学校からも見放された時、自分はどこ

また、自分が何か変なことをしてしまったのだろうか？

「私って、結構忘れっぽいじゃない？　よくみんなも怒るでしょ。おスギ、まーた忘れてる！　って。ほんと毎日そんな感じで、全然ちゃんとしてないのよね。本当はこんなこと、生徒のあなたに言うのはダメなんだろうけど、学校の人に怒られることだって沢山あるの。だから、出来がいいか悪いかって言ったら、すごく出来の悪い寮母なわけ。私は。でも、だったら、私は星見寮にいない方がいいのかな？」

杉本が④言わんとしていることの意味を、宮田は汲めなかった。

「……どうしてですか？」

「同じことじゃない、宮田さんも」

「私は違いますよ」

宮田はさも当然のことかのように呟いた。

「全然違いますよ。杉本さんはみんなに好かれているし、手先も器用で、玄関前の飾りだって上手だし……」

宮田は、寮監室で作りかけの飾りを見るのが好きだった。

(4) ――線④「言わんとしていること」とありますが、杉本が宮田に言おうとしていることとして、最もよいものを次から選んで、記号を書きなさい。

ア 杉本も宮田と同じように自分の存在を認めてもらえない悩みをかかえ、つらい日々を過ごしているということ。

イ 人はだれでも当然のこととして欠点をもって生きているのだから、宮田ももっと気楽に生きればよいということ。

ウ 他の人では気づかないようなことまで気づける宮田の豊かな感受性を今後も大切にし続けてほしいということ。

エ 出来の悪い寮母の自分でも宮田に喜んでもらえたように、宮田にも間違いなく存在意義があるのだということ。

(5) ――線⑤「杉本の目尻で涙がつぶれるのを、宮田はただ見つめていた。」とありますが、このときの宮田の様子を次のようにまとめたとき、□に入る言葉を、指定の字数で書きなさい。

すぐには反応ができないほど、［十五字以内］している。

(6) この文章から読み取れる宮田の人物像として最もよいものを次から選んで、記号を書きなさい。

ア 人との感情のやりとりが苦手で自分に自信がない人物。

イ 気持ちが通じないと感じると心を閉ざす気の弱い人物。

ウ 人の言葉を素直に受け止めるのをこわがっている人物。

エ 才能がないと思ってくじけても懸命に努力をする人物。

㋒ 大学で数学をオサめる。

3 次の文章を読んで、問題に答えなさい。

秋は一年のうちで最も月がきれいに見える季節です。理由はいくつかあります。秋の空気は①かわいているので、空気がぼやけにくくなります。そのため、②秋は月が③きれいに見えるのです。また、月がちょうどきれいに見える高さに出るのだ④そうです。旧暦八月十五日の月は「中秋の名月」とよばれ、⑤昔から人々はその時期に月見を楽しみました。

(1) ――線①・③の単語の品詞名をそれぞれ次から選んで、記号で答えなさい。

ア 名詞　イ 動詞　ウ 形容詞
エ 形容動詞　オ 接続詞　カ 感動詞

(2) ――線②を、〈例〉にならって単語に分けなさい。

〈例〉私／は／学校／に／行く。

(3) ――線④の単語と同じ意味・用法のものを次から選んで、記号で答えなさい。

ア 赤ちゃんが泣きそうです。　イ 雨が降りそうです。
ウ 転校生が来るそうです。　エ 祖母は元気そうです。

(4) ――線⑤の文節がくわしくしている文節を書きぬきなさい。

(1) ——線①「ずっと裏返っていたパネルが、表になっていくような。」とありますが、これは宮田のどんな気持ちを表していますか。次のようにまとめたとき、□に入る言葉を、指定の字数で書きなさい。

裏返ったパネルがちゃんと表になっていくようだという表現から、今まで思い込んでいたのとは違う、**十字以内**を素直に受け入れることができて楽になっていく気持ちを表している。

(2) ——線②「次からはバスかタクシーで……」とありますが、宮田がこのように言ったのは、なぜですか。三十字以内で書きなさい。

(3) ——線③「宮田は戸惑った」とありますが、なぜですか。最もよいものを次から選んで、記号を書きなさい。

ア 東京へ帰されたらどうなるのかがわからないままで放置されて、不安だったから。

イ 相談があって話をしていたのに、杉本がそれをさえぎって杉本自身の話を始めたから。

ウ 杉本が緊張しながら話をしている理由がわからず、自分のせいなのかと思ったから。

エ 自分が何か変なことをしてしまったのを感じていて、早く杉本に聞きたかったから。

---

2 次の——線のカタカナを漢字で書きなさい。

① あ 命のキキを感じる。
　 い オーディオキキにこだわる。

② あ 的に向かって矢をイる。
　 い 家族全員で家にイる。

③ あ キリツして先生をむかえる。
　 い チームのキリツを守る。

④ あ 音声でニュースをハイシンする。
　 い 会社に対するハイシン行為である。

⑤ あ 病気がカイホウに向かう。
　 い 校庭を地域の人にカイホウする。

⑥ あ セイジンのような人格者。
　 い セイジン式に出席する。

⑦ あ 入会金を現金でオサめる。
　 い 国を立派にオサめる。

へ行くのだろう。

宮田がそう思案している間にも、目の前には杉本がいた。杉本の全身には人ひとり分の血が通い、高い標高の地にあって、それは熱く滾っていた。

「今日は時間取って貰っちゃってすみませんでした。②次からはバスかタクシーで……」

「私の話をしてもいい？」

火事場のような真剣さで、杉本は宮田の目を見つめていた。そして時おり頼りなげに、その視線は泳いだ。

杉本の目がうっすらと充血していることに、宮田はしばし気づかなかった。

「私はね、ここで生まれてここで育って、中学高校ももちろんここで。宮田さんみたいに勉強ができるわけでも、他の何かに優れているわけでもなくって、すっごく普通の子だったの。高校卒業してからは、葛屋デパートってところで働いて。そこが潰れてからは、保育園と写真館で働いて。すっごく普通でしょ？　別に趣味って程の趣味もないし、好きなお菓子とか、好きな番組とかはあるけど、それだって取り立てて言う程のものでもないし……」

杉本がひどく緊張しながら話をしているのがわかって、③宮田は戸惑った。


花や動物のかたちに切られている色画用紙を見つけると、ああ、また別の季節が来るんだな、という気持ちになるからだ。毎朝、寮監室を覗いてみるとそれは少しずつ進んでいて、顔が付けられていたり、葉が増えていたりする。

杉本は下唇をきつく噛み締めながら、笑っていた。

「あんなの、毎回毎回、褒めてくれるの、宮田さんだけなんだよ。知らないでしょ？」

毎年、新しい春が来て、寮生が増えていく度に、もう忘れられただろうな、と宮田はずっと思っていた。

大勢の中のひとりに過ぎない自分のことなど、杉本が気にかけてくれるはずはないと。

「あなたがいつも話しかけに来てくれたこと、嬉しかったよ、私は」
⑤杉本の目尻で涙がつぶれるのを、宮田はただ見つめていた。

〈安壇美緒「金木犀とメテオラ」による〉

● ● ●

《問題は裏に続きます。》

① あ　い

② あ　　る　い　　る

③ あ　い

④ あ　い

⑤ あ　い

⑥ あ　い

⑦ あ　　める　い　　める　う　　める

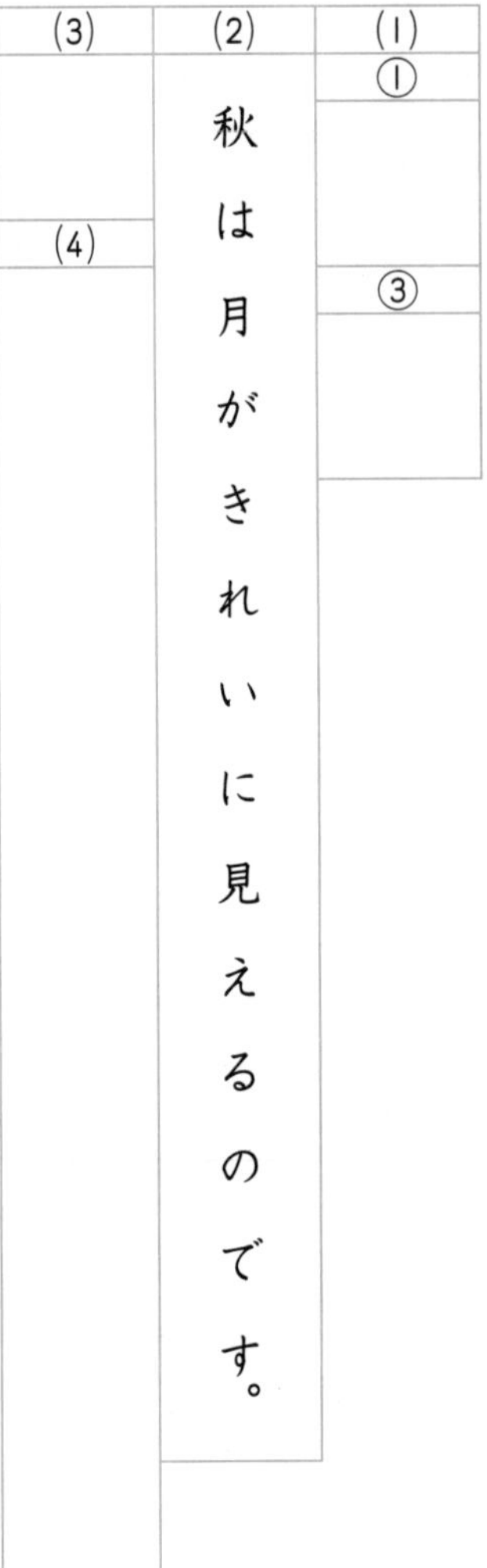

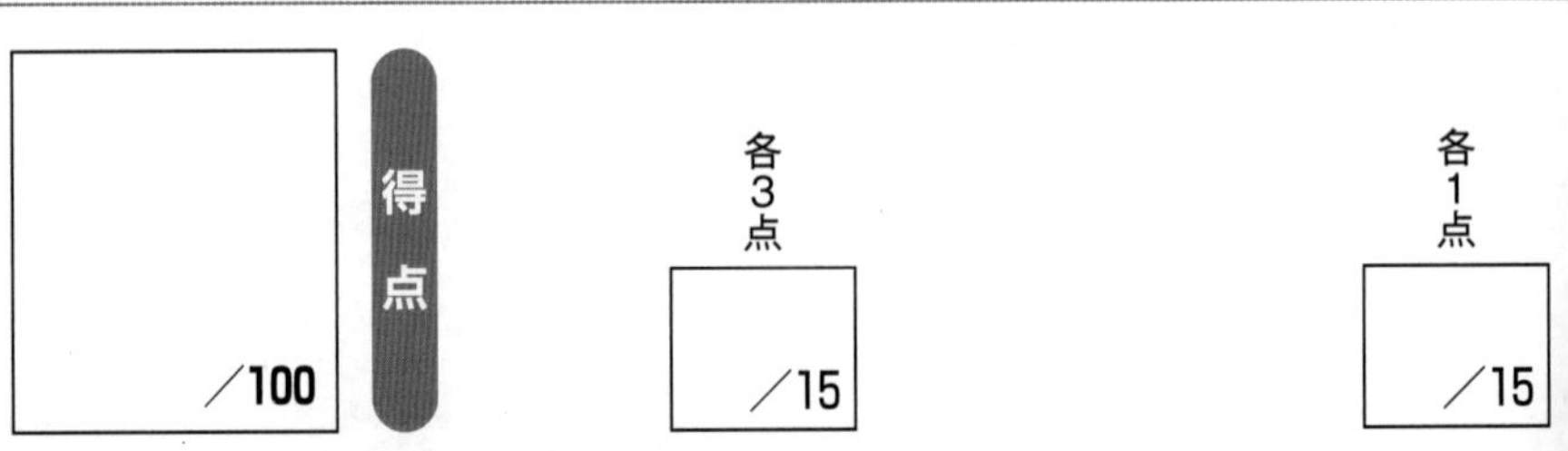

しあげのテスト(1) 解答用紙

※解答用紙の下にある採点欄(さいてんらん)の□は、丸つけのときに使いましょう。

学習した日　月　日

名前

(1)	(2)	(3)	(4)	(5)	(6)

採点欄(さいてんらん)

(1)	(2)	(3)	(4)	(5)	(6)
15点	10点	10点	10点	15点	10点

／70

《出題範囲》①…5章 説明文をきわめる ②…1章 漢字と言葉をきわめる ③…2章 言葉のきまりをきわめる

しあげのテスト(2)

※答えは、解答用紙の解答欄に書き入れましょう。※、。「」も一字に数えます。

満点 100点

時間 30分

答え 39ページ

1 次の文章を読んで、問題に答えなさい。

[1] 女性が台所仕事から遠ざかった理由の一つは、世代間の伝達がへったことですが、もう一つの大きな理由は女性差別問題かもしれません。女性が社会に出て働き始めたとき、障害になる一つが家事でした。特にサラリーマン社会になって、男性は外で働き女性は家事・育児を任されるもの、という価値観が広がっていました。台所仕事は家事の中心にあって、しかも毎日必要になります。買いものも行かなければなりません。

[2] 昭和の時代はともかく、①今は共働きのほうが多数派です。働きたい女性はふえましたし、働く場所もふえた。何より、収入面で女性も働く必要があります。しかし、昭和の時代に、家事や育児を妻に任せっぱなしにする企業戦士となるよう男性に要求した企業は、女性が男性と対等に働く時代になっても、長時間働くことを要求します。残業、休日出勤。また、会社の都合で転勤させられることもあります。

[3] 平成になって働き続ける女性がふえても、基本的に企業

です。

[8] 昭和の時代、洋食が流行ったのは、かいがいしく和食をつくる母親や※姑への反発心もあったのではないでしょうか。その世代がつくった洋食を中心にした献立で育った人は、和食にあまりなじみがありません。つくり慣れていないと、和食は難しく面倒なものに感じます。

[9] 煮ものは経験を積むうちに、うまくなる料理です。［⑤］、経験がないとおいしくするのが難しい。出汁を使う料理は、出汁を引く一手間が嫌われます。戻す時間が必要な乾物類も同じです。和食の多くは時間さえあれば手間がかからないし、つくり置きもできますが、その時間がない。鮮度が命の魚は、買い置きが難しい。スーパーへ寄る時間がなく、残りもので調理するときは冷凍庫の肉を使うかもしれません。

[10] 和食は基本的にあまり加工せず旬の素材を味わう料理です。野菜の煮びたし、焼き魚、だいこんやさといもなど根菜類の煮もの。いんげんのごま和えなどの和えもの。［⑥］、日本でポピュラーになっている洋食や中華料理、エスニック

ものを次から選んで、記号を書きなさい。

ア　⑤　つまり　⑥　対して

イ　⑤　にもかかわらず　⑥　すなわち

ウ　⑤　しかも　⑥　たとえば

エ　⑤　いずれにしても　⑥　さらに

(7)　和食があまりつくられない理由の説明としてよいものには○、ふさわしくないものには×を書きなさい。

ア　毎日忙しく働く人にとって、調理に時間のかかる和食をつくるのは負担が大きすぎるから。

イ　幼いころから洋食中心で育ってきた世代にとって、和食をつくることは面倒に感じられるから。

ウ　あまり加工せず旬の味を楽しむ和食は、洋食や中華料理に慣れた人にとっておいしいものではないから。

エ　和食のつくり方を教えてくれなかった上の世代に反抗する気持ちが強く、つくろうと思えないから。

(8)　この文章における筆者の主張を次のようにまとめたとき、□に入る言葉を、文章中から四字で書きぬきなさい。

女性が社会で働き始めたことにより失われたのは、和食という文化ではなく、人々の［　　　　］なのではないか。

3　次の各組から、敬語の使い方がまちがっているものを選んで、記号を書きなさい。また、選んだ文を正しく直して書きなさい。

①
- ア　先生が申しあげていることをよく聞く。
- イ　お客様からうかがっていた要望に応える。
- ウ　乗車券を拝見いたします。

②
- ア　知事がいらっしゃるので万全の準備を整える。
- イ　社長が直接現場に指示を出される。
- ウ　私はレストランで出された食事をめし上がった。

③
- ア　職員室にうかがって質問をする。
- イ　どうぞゆっくりとおくつろぎください。
- ウ　来ひんのかたがお話しになられた内容を思い出す。

④
- ア　サッカーのコーチに指導をしていただく。
- イ　母は今、家にはいらっしゃいません。
- ウ　私は校長先生がくださった本を大事にしている。

⑤
- ア　お客様が事務所にお参りになる。
- イ　大臣にお目にかかることを楽しみにしています。
- ウ　先生が私たちの発表をご覧になった。

(1) 一段落(だんらく)の中で筆者の意見が述べられている文はどれですか。初めの五字を書きぬきなさい。

(2) ――線①「今は共働きのほうが多数派(たすうは)です」とありますが、共働きによって、家事に関するどんな問題が起こりましたか。四十五字以内で書きなさい。

(3) ――線②「昭和のやり方」とありますが、これは具体的にどんなやり方ですか。四十字以内で書きなさい。

(4) ――線③「古い価値観(かちかん)」を説明した二十九字の言葉を探(さが)して、初めの五字を書きぬきなさい。

(5) ――線④「和食は家父長制社会を象徴(しょうちょう)しています」とありますが、筆者がそのように推測(すいそく)した理由として最もよいものを次から選んで、記号を書きなさい。

ア 男性が家長として君臨(くんりん)する家族では、男性が台所に立ってはいけないという暗黙(あんもく)のルールがあるから。

イ 長い時間をかけて調理する和食には、女性を台所に縛(しば)りつけるイメージがあるから。

ウ 長期間保存(ほぞん)することを前提にして調理する和食は、忙(いそが)しい現代には似つかわしくないから。

エ 割烹着(かっぽうぎ)で台所に立つ女性の姿(すがた)は、現代では見ることができなくなっているものだから。

(6) ⑤、⑥に入る言葉の組み合わせとして最もよい

---

2 次の――線に使われている慣用句の意味を、それぞれあとから選んで、記号を書きなさい。

① そのことになると口が重くなる。

ア 真実を言わない。 イ 気持ちが落ち着かない。

ウ 言葉数が少ない。 エ 気分が悪い。

② 人の足元を見てはいけない。

ア 弱みにつけこむ。 イ 機嫌(きげん)を悪くする。

ウ 行動をからかう。 エ お金を無駄(むだ)づかいする。

③ 彼(かれ)はすみに置けない人物だ。

ア 尊敬(そんけい)できない。 イ あなどれない。

ウ 放っておけない。 エ 能力がない。

④ えりを正して友人の話を聞く。

ア なれなれしくする。 イ 疑(うたが)いの気持ちをもつ。

ウ 気をつかう。 エ 気持ちを引きしめる。

⑤ ニュースを見て浮(う)き足立っている。

ア 落ち着かなくなる。 イ うれしく思っている。

ウ 元気がなくなる。 エ 興味をもっている。

は②昭和のやり方を続けていますから、結婚したり子どもがいる女性も、残業を求められます。

[4] 仕事で遅くなる人が一番苦労する家事が、料理です。掃除や洗濯は毎日しなくても済みますが、食事はしなければ生きていけません。しかし、仕事が忙しいと家に食材がない、つくる時間がないという問題が起こります。

[5] お腹は空く。子どももお腹を空かせて待っている。だから、*中食なのです。惣菜や加工食品は、ちょっと炒めたり温めるだけで一品できます。並べるだけで済むものもあります。中食は、何より忙しい働き盛りが必要としている食品なのです。

[6] 夫と同じように働いているのに、料理の負担が自分だけにかかっている、と感じている女性はたくさんいます。③古い価値観が自分を縛っているように思う女性が、苦手とするのが和食かもしれません。

[7] これは私の推測ですが、④和食は家父長制社会を象徴しています。男性が家長として威張っている家で、割烹着を着て何時間もかけて煮豆などをつくっているのが、昔ながらの主婦のイメージです。実際、昔の和食には保存を前提にして長い時間煮しめるものがいくつもありました。ぬか漬けの世話を毎日するなど、女性を台所に縛りつけるイメージがあるの

料理などは、味つけの濃いものが多い。ウスターソースやケチャップの濃くてスパイシーな味、*豆板醤の辛さ、濃厚な*オイスターソース、うま味や香りの強い*ナムプラー。どれも味がはっきりしている。疲れているときは、そういうパンチのある味のほうがわかりやすい。

[11] もしかすると、現代人の生活で危機に瀕しているのは、和食そのものではなく、少しだけ手間をかけて料理したり、旬のものをおいしいと思う心の余裕なのかもしれません。

〈阿古真理「『和食』って何?」による〉

*中食…弁当や調理済みのおかずを買ってきて、家庭で食べる食事。
*姑…結婚相手の母親。
*豆板醤…中華料理の調味料として使う辛い味噌。
*オイスターソース…カキの煮汁を加熱して濃縮した調味料。
*ナムプラー…タイ料理で使う、魚を発酵させて作った調味料。

●
●
●

《問題は裏に続きます。》

⑤	④	③	②	①
記号	記号	記号	記号	記号
↓	↓	↓	↓	↓

①
②
③
④
⑤

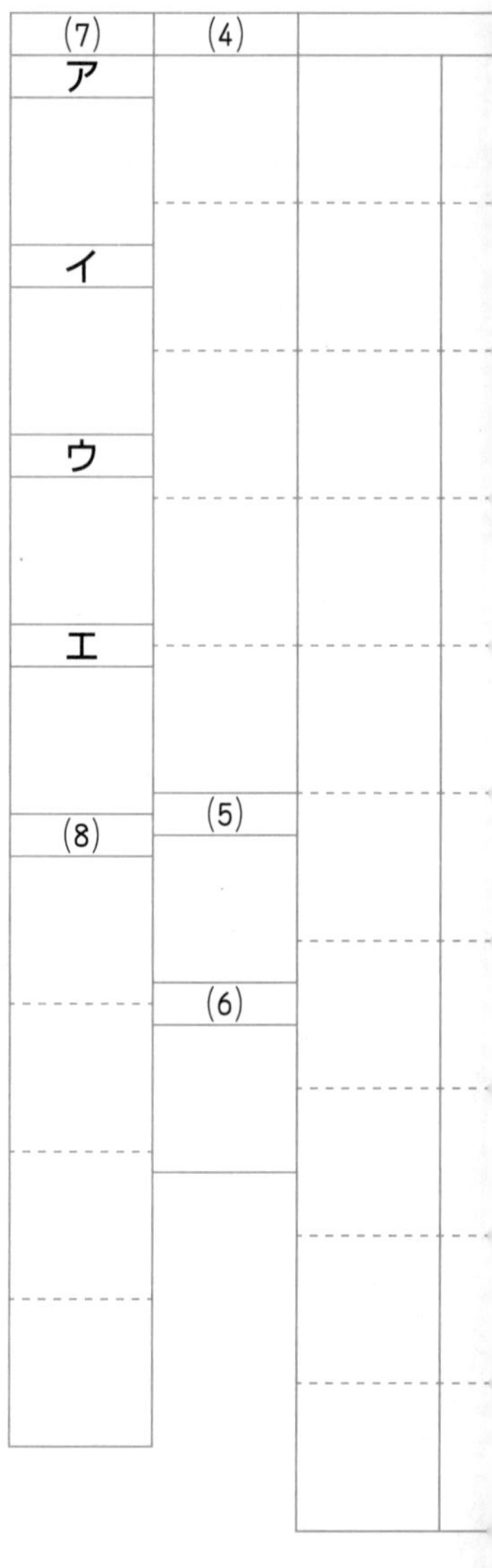

得点

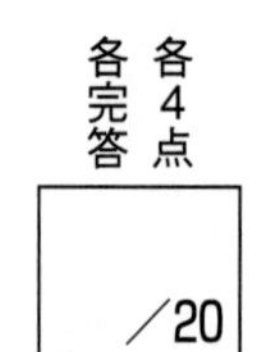

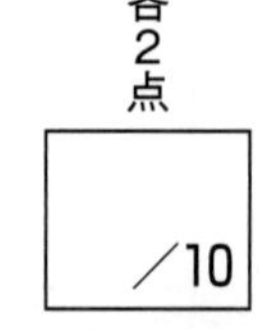

／100

しあげのテスト(2) 解答用紙

※解答用紙の下にある採点欄の□は、丸つけのときに使いましょう。

学習した日　月　日

名前

(1)

(2)

(3)

採点欄

(1)	(2)	(3)	(4)	(5)	(6)	(7)	(8)
8点	12点	12点	8点	8点	6点	各2点	8点

／70

国語6年

答えと考え方

「答えと考え方」は，
とりはずすことが
できます。

1 漢字

標準レベル＋ 8・9ページ

1 (1)おおざと・イ (2)かい・オ (3)りっとう・ア (4)あくび・ウ

2 (1)(あ)こう (い)お (2)(あ)さい (い)す (3)(あ)ほ (い)おぎな (4)(あ)げん (い)きび

3 (1)(あ)備 (い)供 (2)(あ)説 (い)解 (3)(あ)勤 (い)努 (う)務 (4)(あ)移 (い)写 (う)映

4 (1)ア (2)イ (3)イ (4)ア (5)ア (6)ア (7)イ (8)ア (9)イ (10)イ (11)イ (12)ア

考え方

1 (1)「阝」が「おおざと」です。(2)「貝」が「かい」です。(3)「刂」が「りっとう」です。(4)「欠」が「あくび」です。エ「衣服に関すること」は「衤(ころもへん)」、カ「土が積み上げられた場所」は「阝(こざとへん)」の説明です。

2 それぞれ、(あ)は音読み、(い)は訓読みです。(1)「降」には、ほかに「ふ(る)」という訓読みもあります。

3 文をよく読んで意味の違いをとらえます。(1)「準備をする」ことを表す場合は「備える」、「(神仏などに)おそなえとして差し上げる」ことを表す場合は「供える」を使います。(2)(あ)は「解説する・説明する」という意味です。(3)「(会社などに)勤務する」ことを表す場合は「勤める」、「努力する」ことを表す場合は「努める」、「役目として事を行う」ことを表す場合は「務める」を使います。(4)同訓異字を使い分けるときには「移動」、「複写」、「上映」など、その漢字を使う熟語を考えると、どの漢字を使うべきかが分かりやすくなることがあります。

4 漢字を覚えるときは、送り仮名も含めて覚えましょう。

ハイレベル＋＋ 10・11ページ

1 (1)著・薬・英 (2)態・恩・念 (3)詞・誌・誠 (4)連・遺・返 (5)映・晴・暗 (6)臓・肺・背

2 (1)したが・イ (2)おさ・エ (3)たず・カ (4)し・ウ (5)さば・ア (6)す・オ

3 (1)(あ)創造 (い)想像 (2)(あ)追求 (い)追究 (3)(あ)正統 (い)正当 (4)(あ)高価 (い)効果 (う)降下

4 ①私 ②担任 ③専門 ④得 ⑤興味 ⑥探 ⑦難 ⑧簡単 ⑨忘 ⑩存在

考え方

1 (1)「艹(くさかんむり)」、(2)「心(こころ)」、(3)「言(ごんべん)」、(4)「辶(しんにょう)」、(5)「日(ひへん)」、(6)「月(にくづき)」を組み合わせます。

2 アは「裁判」、イは「従属」、ウは「閉会」、エは「収納」、オは「吸引」、カは「来訪」と書きます。

3 同じ音読みで意味の異なる語を同音異義語といいます。意味の違いをしっかり覚えましょう。(1)「新たに造ること」を表す場合は「創造」、「実際に経験していないことを、こうではないかと推し量ること」を表す場合は「想像」を使います。(2)「どこまでも後を追いかけ求めること」を表す場合は「追求」を使います。「追求」を使った他の例文に「幸福を追求する」などもあります。「どこまでも明らかにしようとすること」を表す場合は「追究」を使います。(4)それぞれの熟語の意味を考えてみましょう。(あ)は「値段が高いこと」、(い)は「効き目」、(う)は「高い所から降りる・下がること」という意味です。

4 ③「専問」と書かないように注意しましょう。また、「専」の右上に点は付きません。⑩形が似ているため、「在存」と書かないように注意しましょう。

2 熟語

標準レベル＋

12・13ページ

1 (1)ウ　(2)オ　(3)イ　(4)エ　(5)ア　(6)エ　(7)ア　(8)イ

2 〈類義語〉(1)朗　(2)担(荷)　(3)簡　(4)値　(5)異
〈対義語〉(1)危　(2)縮　(3)革　(4)乱　(5)然

3 (1)未　(2)無　(3)非　(4)未　(5)不　(6)非　(7)未　(8)無　(9)不　(10)非
(11)無　(12)不

4 (1)臨・応　(2)信・疑　(3)口・音　(4)品・方　(5)快・乱

考え方

1 (1)「市が営む」なので、上の字が主語、下の字が述語となっています。(2)「曲がった線」と考えます。(3)「賛」と「否」は意味が対になっています。(4)「職に就く」と考えます。(5)「尊」と「敬」は意味の似た漢字です。(6)「劇を観る」と考えます。(7)「自」と「己」はどちらも「本人」という意味をもつ漢字です。(8)「授ける」と「受ける」なので、意味が対になる漢字の組み合わせです。

2 意味の似た言葉を「類義語」、意味が対になる言葉を「対義語」といいます。〈類義語〉(1)「明朗快活」で一つの四字熟語になります。〈対義語〉(5)「自然」のほかに「天然」という対義語もあります。

3 「非・不・未・無」は、語の前に付き、その語の意味を打ち消します。「非」は「それに当たらない」、「不」は「〜しない」「〜がない」、「未」は「まだ〜しない」、「無」は「そのものが存在しない」という意味で使われることが多いです。

4 四字熟語は二字熟語を組み合わせて成り立っているものが多いです。二字熟語に分けて、当てはまる漢字を考えてみるとよいでしょう。(5)「快刀乱麻を断つ」と使われることが多い四字熟語です。

ハイレベル＋＋

14・15ページ

1 (1)エ　(2)イ　(3)ア　(4)ウ　(5)イ　(6)オ　(7)ウ　(8)エ　(9)オ　(10)エ
(11)イ　(12)ア

2 (1)あ秘密　い公開(開示)　(2)あ誠実　い不実
(3)あ延長　い短縮　(4)あ困難　い容易(簡単・簡易・平易)

3 (1)衣食住・ウ　(2)色眼鏡・ア　(3)二枚舌・イ　(4)大黒柱・イ
(5)高飛車・ア

4 (1)晴耕雨読　(2)油断大敵　(3)理路整然　(4)針小棒大　(5)二律背反

考え方

1 アは、上の字が動作を、下の字が対象を表す組み合わせです。イは、意味が対になる漢字の組み合わせです。ウは、上の字が下の字を修飾する関係にある組み合わせです。エは、意味の似た漢字の組み合わせです。オは、上の字が主語、下の字が述語となる組み合わせです。(3)「場を開く」、(4)「難しい曲」、(6)「市が立てる」、(7)「最も善い」、(9)「国が営む」、(12)「色を染める」と考えます。

2 (4)「困難」は、「成し遂げたり実行したりすることが難しい」という意味なので、いには「易しい」という意味の熟語が入ります。

3 (1)「衣／食／住」という成り立ちの熟語です。「衣食住」とは、「衣服と食物と住居」のことです。(2)「色／眼鏡」という成り立ちの熟語です。「いろめがね」と読みます。(3)「二枚／舌」という成り立ちの熟語です。(4)「大黒／柱」という成り立ちの熟語です。(5)「高／飛車」という成り立ちの熟語です。

4 (1)「晴れた日は外に出て耕し、雨の日は家にいて書を読むこと」ということから、「世間からはなれて自由に生活すること」という意味になりました。(4)「針ほどの小さいものを棒ほどの大きさに言う」ということから、「物事を実際よりおおげさに伝えること」という意味になりました。

3 言葉の意味

標準レベル＋

16・17ページ

❶ (1)馬・ウ　(2)水・ア　(3)身・エ　(4)毒・イ

❷ (1)石・イ　(2)利・エ　(3)馬・ア　(4)功・ウ　(5)矢・オ

❸ (1)○　(2)×　(3)×　(4)○　(5)○　(6)×　(7)×　(8)○　(9)×

❹ (1)ウ　(2)エ　(3)イ　(4)ア

考え方

❶ ことわざとは、昔から世間で言い伝えられてきた言葉で、教訓や風刺などを含みます。「さるも木から落ちる」と「かっぱの川流れ」のように似た意味のことわざも多くあります。また、「下手の横好き」と「好きこそものの上手なれ」のように反対の意味をもつことわざもあります。

❷ 故事成語とは、昔の出来事をもとにしてできた言葉です。特に中国の古典に書かれている話をもとにした言葉が多くあります。例えば「蛍雪の功」は、昔中国で貧しくて明かりをとるための油が買えず蛍の光で本を読んで勉強していた人と、同じように貧しくて雪明かりで本を読んで勉強した人が後に二人とも立派に成功を収めたという話からできた言葉です。

❸ 慣用句とは、二つ以上の言葉が結び付き、ある特別な意味を表すようになった言葉です。(2)「うつつをぬかす」は、何かに熱中することを表します。(3)「気が置けない」は、遠慮がいらないという意味。(6)「血もなみだもない」は、人間的な気持ちや思いやりが全くないこと。(7)「白い目で見る」は、冷たく悪意を含んだ気持ちで見ること。(9)「腹をかかえる」は大笑いをすること。

❹ 各文の――線の言葉は、一つの言葉で複数の意味をもつ言葉である多義語です。(1)「明るい」は、朗らかで陽気な様子を表します。(2)「頭」は、思考力や考えという意味。(3)「あまい」は、厳しさに欠けるという意味。(4)「厚い」は、いたわる心が強いという意味。

ハイレベル＋＋

18・19ページ

❶ 〈似た意味のもの〉…ア・カ　キ・ケ
〈反対の意味をもつもの〉…イ・オ　ウ・コ
（それぞれ順不同可）

❷ (1)ウ　(2)エ　(3)オ　(4)ア　(5)イ

❸ (1)ねこ　(2)牛　(3)つる　(4)ねずみ　(5)かた　(6)胸　(7)ひざ　(8)歯　(9)腹

❹ (1)かける　(2)はる　(3)たてる　(4)はずむ

考え方

❶ 「ねこに小判」と「ぶたに真珠」は、価値あるものでも値打ちのわからない者には役に立たないということ。「とびがたかを生む」は平凡な親から優れた子が生まれる、「かえるの子はかえる」は子は親に似るということ。「あとは野となれ山となれ」は目先のことが終わればどうなろうとかまわない、「立つ鳥あとをにごさず」は後始末をきちんとするということ。

❷ (1)「背水の陣」は、川を背にした所にわざと陣をしき、逃げ場がないという覚悟で戦って勝った、という昔の出来事から、必死の覚悟で事にあたることという意味で使われます。(2)「助長」は、ある働きかけによって今の傾向がいっそう盛んになること。(3)「蛇足」は、余計な付け足し。(4)「五十歩百歩」は、少しの違いはあっても本質的にはほとんど同じであること。(5)「推敲」は、詩や文章を作るときに字句を何度も練り直すこと。

❸ (1)「ねこの額」は、とても狭いこと。(2)「牛の歩み」は、進み方が遅いこと。(3)「つるの一声」は、力のある人の一言のこと。(4)「ふくろのねずみ」は、追いつめられて逃げられないこと。(5)「かたで風を切る」は、得意そうに歩くこと。(6)「胸がすく」は、気分が晴れやかになること。(7)「ひざを打つ」は、感心すること。(8)「歯に衣着せない」は、思ったことをはっきり言うこと。(9)「腹を決める」は、決心すること。

❹ 動作を表す言葉でも、一つの言葉で複数の意味をもつものがあります。慣用句になっている言葉にも注意しましょう。

チャレンジテスト +++　20・21ページ

1 (1)源流　(2)内閣　(3)拝　(4)奮起　(5)窓　(6)警笛　(7)口紅　(8)収
(9)絹織物

2 (1)○　(2)○　(3)○　(4)×　(5)○　(6)×　(7)○

3 (1)①カ　③ウ　⑤ア　(2)イ　(3)②地域　④発揮　⑥預　(4)ⓘ足　ⓤ鼻

考え方

1 (1)「原流」と書かないように注意しましょう。(3)つくりの横画は四本です。本数や長さに気をつけて書きましょう。(8)「おさめる」と書く漢字には、他に「納める」、「修める」、「治める」があります。「たなに食器をおさめる」のように、「物をしまっておく」という意味の場合は、「収める」を使います。(9)「絹」のつくりを「員」としないように気をつけましょう。また、「綿」などの漢字と間違えないようにしましょう。

2 (1)「やなぎの下にいつもどじょうはいない」は、「一度成功を収めたからといって、再び同じようにうまくいくとは限らない」という意味です。(2)「白羽の矢が立つ」は、「大勢の中から、特に選び出されること」という意味です。(3)「二階から目薬」は、「二階にいる人が階下の人に目薬をさすように、遠回りであること」のたとえです。(4)「のれんにうでおし」は、「どうやっても、まるで手ごたえもなく、張り合いもないこと」という意味です。したがって、「おこられたことでとても落ちこみ」という様子とは合いません。(5)「木を見て森を見ず」は、「細かい点に注意しすぎて、大きく全体をつかまない」という意味です。(6)「旅のはじはかき捨て」は、「旅に出ると、まわりに知っている人がいないから、いつもなら決してしないような恥ずかしいことを平気でやってのける」という意味です。したがって、「慎重に行動をしている」とは合いません。(7)「対岸の火事」は、「自分には全く関係がない出来事なので、自分は痛くもかゆくもない」という意味です。向こう岸の火事は、こちらの岸には飛び火してくる危険がないことからきていることわざです。

3 (1)故事成語は、そのほとんどが中国の古典に書かれた話からできています。ア「断腸の思い」は、「きわめて辛く悲しい思い」という意味です。イ「蛍雪の功」は、「苦労して勉学に努めた成果」という意味です。ウ「登竜門」は、「出世の糸口になる関門」「厳しい試験」という意味です。「竜門」という中国の急流を登った鯉は竜になるという言い伝えから生まれた言葉です。エ「和して同ぜず」は、「人と歩調を合わせてうまく付き合うけれども、道理の合わないことにまで同調することはしない」という意味です。オ「逆鱗にふれる」は、「目上の人を激しく怒らせてしまうこと」という意味です。カ「水魚の交わり」は、「きわめて親しい間柄」という意味です。水と魚とのような離れがたい関係ということからきています。
(2)ア「付和雷同」は、「自分に定まった意見がなく、他人の意見や行動に軽々しく同調すること」という意味です。イ「切磋琢磨」は、「互いに励まし合い、努力し合って競争すること」という意味です。したがって、「同じ野球クラブに所属して、ともに□をしていました」という文脈に合います。ウ「大言壮語」は、「自分の力以上の大きなことを言うこと」という意味です。エ「平身低頭」は、「相手に物事を頼んだり、許してもらったりするために、体を低くかがめて頭を下げること」という意味です。
(3)②「地」と「域」の部首は、どちらも「土(つちへん)」です。④「揮」は「指揮」などの熟語でも使われます。
(4)ⓘ「二の足をふむ」は、「ためらってどうしようかと迷う」という意味の慣用句です。ⓤ「鼻にかける」は、「得意がる」という意味の慣用句です。ここでは、「鼻にかけずに」と使われているので、「得意がらずに」という意味になります。

4 文の組み立て

標準レベル＋

22・23ページ

1 (1)エ (2)ア (3)エ

2 (1)エ (2)ア (3)イ (4)ウ (5)エ (6)ア

3 (1)(主語)イ (述語)エ (2)(主語)イ (述語)オ
(3)(主語)ウ (述語)エ (4)(主語)イ (述語)ア
(5)(主語)ア (述語)エ

4 (1)エ (2)ウ (3)ウ (4)ウ

考え方

1 文を文節に分けるときは「ネ・ヨ・サ」を入れて自然に読むことができる部分に着目しましょう。(2)「うれし／そうに」と分けると自然に読むことはできません。「歩いてネ／いるヨ」の分け方はしっかり覚えておきましょう。(3)「してネ／みる」の分け方と「みるようだ」に気をつけましょう。

2 (1)「ぬいぐるみが・あった(ある)」、(2)「天気は・変わる」、(3)「海岸は・静かだ」、(4)「弟は・小学一年生だ」、(5)「木は・なかった(ない)」、(6)「雨が・あがった(あがる)」と考えます。イの「どんなだ」は「性質や状態を表す言葉」の場合で、ウの「何だ」は「物の名前」の場合です。

3 述語は、普通は文の終わりにあります。主語とは、述語に対して「だれが」「何が」を表す文節です。(3)主語は、「が」「は」で終わる文節とは限りません。「参加する」という述語に対する主語は「私も」になります。(4)倒置法が用いられていて普通の文とは順序が違っています。「私は・あの・日の・出来事を・忘れない」と普通の語順にもどして考えます。

4 (1)「途中で→私は」「途中で→母の」「途中で→友人に」「途中で→会った」とつなげてみます。(4)「たとえ」は「～ても(とも)」を伴い、使われます。

ハイレベル＋＋

24・25ページ

1 (1)ウ (2)エ (3)ウ

2 (1)ウ (2)オ (3)ア (4)エ (5)イ (6)ウ (7)オ (8)イ

3 (1)㋐イ ㋑ア (2)㋐ウ ㋑エ

4 ウ

5 (1)オ (2)エ・キ (3)イ・カ (4)ア・ウ(全て順不同可)

考え方

1 文節とは、文を区切った際に不自然にならない最小のまとまりのことです。単語とは、文節を組み立てている一つ一つの言葉で、これ以上細かくすることのできない、言葉の最小の単位です。(1)「練習する」で一単語です。(2)「遊ぶ」が活用した「遊ぼ」と、人を誘う言葉の「う」に分かれます。(3)「行く」が活用した「行っ」と過去の話に用いる「た」に分かれます。

2 (1)「ある」を修飾しています。(2)他の文節と直接つながらず、「呼びかけ」「挨拶」「(話題の)提示」などの働きをする文節を独立語と言います。(4)前後の文や文章をつなぐ働きをする文節を接続語と言います。(5)倒置法が用いられているために、述語が主語より前にきています。(6)「降れば」を修飾しています。(7)文の話題を最初に提示しています。

3 (2)㋐文節と文節が対等に並んでいる場合を対等(並立)の関係といいます。㋑下の文節がその言葉の元々の意味を失い、上の文節を意味的に補助している場合を補助・被補助の関係(補助の関係)といいます。

4 主語・述語の関係が一つだけ成り立っている文を単文、主語・述語の関係が二つ以上成り立つ文のうち、それぞれが意味的に対等の文を重文、それぞれが意味的に対等になっていない文を複文と言います。ここでは、「明日は・誕生日なので」と「私は・行った」の二つ、主語・述語の関係が成り立っていますが、意味的に対等にはなっていません。

5 (1)対等(並立)の関係、(2)補助・被補助の関係、(3)主語・述語の関係、(4)修飾・被修飾の関係になっています。

5 単語の分類

標準レベル＋　26・27ページ

1 (1)エ　(2)オ　(3)イ　(4)ウ　(5)ア

2 (1)静かだ・ウ　(2)来る・ア　(3)楽しい・イ
(4)照らす・ア　(5)おだやかだ・ウ

3 (1)時間・キリン・緑茶・運動会　(2)清水寺・北海道・富士山・織田信長
(3)一人・五等・三匹　(4)私・かれ・これ・あちら(全て順不同可)

4 (1)ア　(2)イ　(3)イ　(4)ア　(5)ウ　(6)ア　(7)イ　(8)ウ

考え方

1 単語を形と働きによって分類したものを、品詞といいます。自立語は、その単語だけで文節を作ることができる単語です。付属語は、それだけでは文節を作ることができず、自立語の後に付いて、一緒に文節を作る単語です。「活用がある」とは、後に続く言葉に応じて形が変化するということです。例えば、「読む」は、「読まない・読みます・読むとき・読めば」のように変化するので、「活用がある」ということです。

2 言い切りの形とは、文の終わりにきたときの形のことです。動詞はウ段の音(～う・～く・～す…)で終わります。形容詞は「い」、形容動詞は「だ」「です」で終わります。

3 普通名詞は一般的な事物の名前を表す言葉、固有名詞は人名や地名、国名や本の作品名など、特定のものに付けられた名前を表す言葉、数詞は数量や順序などを表す言葉、代名詞は人や事物を指し示す言葉です。

4 付属語で活用がある単語が助動詞、付属語で活用がない単語が助詞です。(5)は、名詞です。(8)は、自立語で活用があり、言い切りの形が「い」なので形容詞です。なお、例えば「読まない」の「ない」のように、付属語で活用がある「ない」は助動詞です。

ハイレベル＋＋　28・29ページ

1 (1)イ　(2)ク　(3)ウ　(4)エ　(5)キ　(6)カ　(7)オ　(8)ア

2 (1)ウ　(2)エ　(3)ア　(4)イ　(5)ウ　(6)エ

3 ①イ・よい　②コ・×　③エ・×　④ケ・そうだ　⑤ウ・あざやかだ
⑥オ・×　⑦キ・×　⑧カ・×　⑨ア・向かう　⑩ク・×

考え方

1 (2)付属語で活用があります。(3)「大きい」「小さい」「おかしい」などは、言い切りの形が「い」で終わるので形容詞です。(5)自立語で、活用がなく、独立語になるので感動詞です。感動や呼びかけ、挨拶などの言葉です。(6)「大きな」「小さな」「おかしな」などは、活用がなくあとに名詞が続くので連体詞です。(3)の形容詞ときちんと区別して覚える必要があります。(7)「(うれしく)ない」を修飾しているので副詞です。副詞には決まった言葉を伴うものも多くあります。例えば「全然」は「～ない」、「おそらく」は「～だろう」、「もし」は「～ば・～たら」などです。このように決まった言葉を伴う副詞を、呼応の副詞といいます。

2 (1)ウ「おそらく」は副詞、他は接続詞です。(2)エ「大切な」は、言い切りの形が「大切だ」となる形容動詞です。他は連体詞です。(3)ア「ねむり」は、「ねむる」という動詞が名詞に変化したものです。このような名詞を転成名詞といいます。他は動詞です。(4)イ「琵琶湖」は固有名詞、他は普通名詞です。(5)ウ「小さな」は連体詞、他は形容詞です。(6)エ「この」は連体詞、他は代名詞です。

3 ③「近い」という形容詞が名詞に変化したものです。④付属語で活用があります。⑥「わくわくする」という用言を修飾しています。⑧自立語で活用がなく、体言の「ホテル」を修飾しているので連体詞です。⑨「向かわない・向かいます・向かうとき・向かえば」のように活用し、言い切りの形が「向かう」とウ段になります。⑩自立語で活用がなく、独立語になります。

6 敬語

標準レベル＋

30・31ページ

1 (1)ウ (2)ア (3)イ (4)ア (5)イ (6)ウ (7)ア

2 (1)キ (2)ウ (3)キ (4)ウ (5)カ (6)ク
(7)オ (8)エ (9)ケ (10)ア (11)イ (12)コ

3 (1)著者(の方) (2)先生 (3)お客様 (4)みなさま

4 (1)はいけんする (2)おっしゃる (3)うかがう
(4)ごらんになる (5)めしあがる (6)いただく

考え方

1 尊敬語は、話し相手や話題とする人の動作などを敬う敬語です。「お(ご)～になる」という言い方や、「～れる(られる)」を使います。また、特別な言い方を使うこともあります。謙譲語は、相手に対して話し手がへりくだることで、相手を敬う敬語です。「お(ご)～する」という言い方や、特別な言い方を使うこともあります。丁寧語は、丁寧に言い表したり、言葉を和らげたりするときに使う敬語です。「～です」「～ます」「～ございます」を使います。

2 特別な言い方をする敬語を答える問題です。「行く」「来る」の謙譲語としては、「参る」のほかに「うかがう」もあります。「食べる」の尊敬語の「めしあがる」、謙譲語の「いただく」は、「飲む」にも使います。

3 (1)「お話をうかがう(聞く)」相手は「著者」です。(2)「テレビをご覧になる(見る)」という動作をするのは「先生」です。(3)「ご案内する」相手は「お客様」です。(4)「みなさま、……ご覧ください」という言葉は「作品」に対してではなく、聞いている人に対して敬意を表しています。

4 相手の動作を表すときには尊敬語を、自分や自分の身内(家族など)の動作を表すときには謙譲語を使います。(2)・(4)・(5)は先生やお客様の動作なので尊敬語に、(1)・(3)・(6)は自分の動作なので謙譲語に直します。

ハイレベル＋＋

32・33ページ

1 (1)差しあげる (2)申す(申しあげる) (3)なさる (4)いらっしゃる

2 (1)ウ (2)ア (3)イ (4)ウ (5)ア

3 (1)ウ (2)イ (3)オ (4)ア (5)エ

4 例ご覧になることができ→拝見でき
例おうかがい→いらっしゃって

考え方

1 (1)・(2)は謙譲語を、(3)・(4)は尊敬語を答えます。(3)「する」の尊敬語は「なさる」「される」です。(4)「いる」の尊敬語は「いらっしゃる」「おられる」です。

2 (1)尊敬語を使います。アは敬語が使われていません。イ「お～になる」に「なさる」を重ねて使っていて不適切です。(2)尊敬語を使います。イ「参る」は謙譲語です。ウは敬語が使われていません。(3)先生に対する自分の行動なので、謙譲語を使います。ウ「拝見」は謙譲語ですが、「見る」の意味なので不適切です。(4)自分の身内である兄の動作なので、謙譲語を使います。イ「おいでになる」は「行く」「来る」「いる」の尊敬語です。(5)尊敬語を使います。イも丁寧な言い方ではありますが、お客様に対して尊敬語を使っているアが、より適切です。ウ「いただく」は謙譲語です。

3 (1)「行く」の謙譲語の「うかがう」を使うべきであるのに、尊敬語の「いらっしゃる」を使っています。(2)「読む」の尊敬語の「お読みになる」を使うべきであるのに、謙譲語の「拝読する」を使っています。(3)「お～になる」に「～れる」を重ねて使っていて不適切です。敬語を重ねる必要はありません。(4)身内である姉に対して尊敬語は必要ありません。(5)「食べる」の謙譲語の「いただく」を使うべきであるのに使っていません。

4 「ご覧になる」を謙譲語に直す必要があります。「拝見する」と書き直していても正解です。「おうかがい」を尊敬語に直す必要があります。「おこしください」と書き直していても正解です。

チャレンジテスト

34・35ページ

1 (1)私／は／毎年／秋／に／なる／と／家族／みんな／で／旅行／に／行き／ます。

(2)去年は／弟が／かぜを／ひいたので／中止に／なりましたが、／今年は／東北地方に／行くようです。

(3)(主語)旅行が　(述語)楽しみです

2 (1)(あ)昨日の　(い)見えた　(う)ないように

(2)(あ)妹が　(い)作った　(う)今日の　(え)おいしかった　(お)想像より

3 (1)エ　(2)カ　(3)イ　(4)ウ　(5)ク　(6)ア　(7)オ

4 (1)例私がいただくための食事を準備してもらう。

(2)例先生がいらっしゃるので、私が準備をしている。

(3)例私のえがいた鳥の絵をご覧になりますか。

(4)例私の父がお会いしたいと申しています。

(5)例大臣が部屋にいらっしゃったので、私は席を立った。

考え方

1 (1)助詞・助動詞も一つの単語です。単語で分ける問題の場合は注意しましょう。(2)「なりましたが」や「行くようです」といった部分は、文節では分かれないので注意しましょう。(3)「どうする」「どんなだ」「何だ」「ある・ない」に当たる文節が述語なので、「楽しみです」が述語です。述語に対して「だれが」「何が」に当たる文節を探して主語を答えましょう。

2 文の組み立てを図として表す問題では、まずは述語から当てはめ、述語に対する主語を当てはめてから、□の数と矢印の指す方向に合うように修飾語を当てはめるようにしましょう。(1)主語は「かれは」が当てはまっているため、述語について考えましょう。「どうだ」に当たる文節は「見えた」です。また「元気が」「ないように」の二つの文節が「見えた」を修飾しています。(2)述語は「おいしかった」なので、(え)に入ります。主語である「夕飯は」につながる修飾語は二つありますが、二つの文節でまとまって修飾をしているのは「妹が」「作った」なので、(あ)と(い)に入る言葉が決まります。

3 アは副詞、イは助動詞、ウは名詞、エは連体詞、オは動詞、カは接続詞、キは形容詞、クは形容動詞です。エは形容詞や形容動詞ではないことに気をつけましょう。「大きな」や「おかしな」も他の品詞とまちがえやすい連体詞です。(1)名詞(体言)を修飾しており、活用がないので連体詞です。(2)「あるいは」は選択の意味で使う接続詞です。(3)「聞か(聞く)」という動詞に付き、否定の意味を加える言葉で、助動詞です。「ぬ」に置き換えることができます。(4)物事の名前を表し、主語になれるので名詞です。(5)言い切りの形が「だ」で終わるので形容動詞です。(6)「大きい」という形容詞(用言)を修飾しており、活用がないので副詞です。(7)言い切りの形は「動く」です。動作を表し、「ウ段」で終わるので、動詞です。

4 (1)「めしあがる」は尊敬語のため、自分の行動には使いません。「お食事」も丁寧な表現のため、自分に準備してもらうものに使うのは不適切です。「いただく」は「食べる」でも正解です。(2)「参る」は「行く・来る」の謙譲語のため、先生の行動に使うのは不適切です。「なさる」は「する」の尊敬語のため、自分の行動に使うのは不適切です。(3)「れる・られる」を動詞に付けて、尊敬の意味を加えているため、自分の行動に使うのは不適切です。「拝見する」は「見る」の謙譲語のため、相手に見てもらうときに使う言葉としては不適切です。(4)自分の家族のことを他人に伝える場合は「父」や「母」としましょう。「おっしゃっています」は尊敬語なので、自分の家族の行動を表すのは不適切です。(5)「来た」のは大臣なので、尊敬の意味を表すように直しましょう。自分の動作を「お～になる」とすると、尊敬の意味が出てしまうので不適切です。

7 人物どうしの関係

標準レベル＋

36・37ページ

1 問一 小魚（雑魚）
問二 例サンペイ君が見事に魚を何十匹も釣ったこと。
問三 エ
問四 例こうふん（4字）
問五 ウ

考え方

1 問一 ――線①の直前ではサンペイ君が釣りをしている様子、直後には水面に躍り出たものを見て驚く博士の様子が書かれていることに着目しましょう。12行目に「銀色の小魚」とあることから、「銀色の光」が何なのかが分かります。

問二 ――線②の次の文にある「感嘆」は、「ひどく感心すること」「深く感じ入ること」の意味です。直前の部分では、「何十匹でも釣れる」というサンペイ君の言葉が誇張（おおげさに言うこと）されたものではなく、本当であることを見た博士の様子が書かれています。釣り上げた魚が「本当に『何十匹』にもなってしまったのだ」と感心していることを読み取り、サンペイ君がたくさんの魚を釣り上げたという内容をまとめましょう。

問三 ――線③の少し前のサンペイ君の言葉に着目しましょう。「こんなの雑魚の中の雑魚だ。何十匹でも釣れる」とあります。何十匹も釣れることは博士にとっては「感嘆」してしまうことですが、釣りに慣れているサンペイ君には当たり前のことで、特にうれしく感じることではないということです。アは、「博士をおどろかせた」ことでうれしく思えなかったとは書かれていないので不適切です。イは、タナゴはまだ釣れていないので不適切です。また続きを読むとタナゴは雑魚ではないことも読み取れます。ウは、「博士に気をつかった」が不適切です。サンペイ君の言葉からは、気をつかっている様子はわかりません。

問四 ――線④の直後に着目しましょう。「サンペイ君の声は少しうわずっていた」とあります。「声がうわずる」とは「興奮したり緊張したりして、声の調子が落ち着かなくなる」という意味です。さらに文章の続きを読むと、「アタリが来てる。合わせるんだ」というサンペイ君の言葉もあります。これら二つの点を併せて考えると、このときのサンペイ君の気持ちは、博士にアタリが来たのを見て、興奮したり緊張したりしていると読み取ることができます。そのため「こうふん」や「きんちょう」が答えとなります。

問五 ――線⑤に「その視線」という指示語があるので、まずはその内容を考えます。直前の文から、サンペイ君が目を細めて博士を仰ぐように見る、その視線を指していることがわかります。「目を細める」という慣用句は、「うれしさやかわいさに、うっとりとした表情になる」という意味です。次に――線⑤の「こそばゆかった」に着目します。「こそばゆい」には「（実際より良い評価をされたりして）照れくさい」という意味があります。ここでこの物語文のあらすじを思い出しながら、人物どうしの関係を考えてみましょう。博士はサンペイ君の指示の通りにやりましたが、魚は釣れません。一方サンペイ君は次々とクチボソを釣ってしまいます。そんな中で博士が「きょう一匹だけのタナゴ」を釣り上げたのです。博士からすると、自分より釣りが上手なサンペイ君にほめられたことで照れくさい気持ちになっていることが分かります。アは、「くやしい気持ち」になったことは文章から読み取れません。イは、「なぐさめられ」が不適切です。エは、「価値のある魚を釣って」とありますが、こそばゆくなったのは、――線⑤に「その視線が」とあるように、サンペイ君の視線がきっかけなので不適切です。

注意する言葉
感嘆・うわずる・仰ぐ

ハイレベル ＋＋

38・39ページ

❶ 問一 例毎朝チャーハンを食べ、猛は飽きないのだろうかという疑問。

問二 ウ

問三 ア

問四 猛の大きさ

問五 イ

問六 例母に甘えるだけの自分とはちがい、猛は母の役に立っているから。

考え方

❶ 問一 1～3行目に着目します。「毎朝チャーハンを美味しい美味しいと食べている猛」「毎朝だ。毎朝チャーハンを食べ、よく飽きないものだ」とあります。続けて4・5行目を読んで、4行目の言葉は、猛が美智子の疑問に対して答えている言葉であることに着目しましょう。3行目の「毎朝チャーハンを食べ、よく飽きないものだ」を中心に答えをまとめますが、「猛は」「兄は」「兄の猛は」など、ここでの主語になる言葉を入れるのを忘れないようにしましょう。また、答えの文末は「～疑問。」という言葉でまとめるようにしましょう。

問二 6行目にある美智子の言葉にまずは着目します。「母さんに言えばよかとに。毎朝チャーハンはもう飽きたち！」とあります。この美智子の言葉に答える形で猛が「お前、母さんが毎朝何時に起きよるか、知っとうとか？」と美智子にきいている場面です。さらに12行目からの猛の言葉に「毎朝四時半に起きよったら、母さん体がもたんばい」とあります。母さんの体のことを考え、これ以上早起きさせて手間をかけさせないように、猛はチャーハンに飽きたとは言わないようにしているのです。

問三 ――線③の直前から読むと、「何にも知らずにいた自分が恥ずかしかった」とあります。美智子は確かに母の起きる時間を知りませんでしたが、この場面でもっと大切なことは、12行目からの猛の言葉の内容です。母をこれ以上早起きさせて手間をかけさせないようにしている猛の言葉を聞いて、美智子は恥ずかしく感じているのです。**イ**は「ご飯を炊くのにかかる時間」、**ウ**は「母の起きる時間」と、どちらも時間を知らなかったという内容なので不適切です。**エ**はこの文章から読み取れないので不適切です。

問四 美智子が何を「自分にはとてもできそうもない」と思っているかに着目します。――線④の直前から、猛が毎朝チャーハンを美味しそうな顔で食べることに対して、「できそうもない」と思っていることが読み取れます。猛がチャーハンを美味しそうに食べる理由は、母の体調に気をつかっているからです。そのような気づかいが自分にはできないが、猛にはできるのだと差を感じたのです。母に気遣える猛のことを、20行目で「猛の大きさ」と表現しています。

問五 母に対して気づかいをしている猛ですが、美智子には「母さんには言うな」と言っています。それは猛の思いを母に知られることで母に余計な負担や心配をかけさせないようにするためのものです。**ア**は「みえっぱりな性格」が不適切です。**ウ**は「妹のなやみには気づくことのできない間のぬけた性格」が不適切です。**エ**は「母の体をいつも心配し」は適切ですが、「母さんには言うな」という言葉と「妹と母の仲をとりもとう」がここでは関係ありません。

問六 ――線⑥の直後の「自分もいつかは母さんの役に立てるときが来るのだろうかと、自信なげに空を見上げた」に着目します。美智子は猛が母の役に立っていることを羨ましく思っているのです。母の役に立っている猛に対して美智子自身はどうでしょうか。20行目に「房江に甘えるだけの自分」とあります。この二つの点を組み合わせて答えをまとめていくとよいでしょう。答えには、「猛は母の役に立っている」という内容を必ず入れるようにしましょう。「なぜですか」という問題なので、答えの文末は「～から。」や「～ので。」などでまとめます。

！注意する言葉 そっけない

8 心情の変化

標準レベル＋

40・41ページ

1 問一　不思議そうだった
問二　新しいワンピース
問三　イ
問四　ウ
問五　例優等生らしくしなくてはいけないと思ったから。
問六　ア

考え方

1 **問一**　——線①の言葉は、葵がいつもと違う感じの服を選んだことに気づいたお母さんが、それでいいのかと尋ねているものです。尋ねたということは、疑問に思ったということなので、5行目の「不思議そうだった」という言葉を書きぬきましょう。

問二　「あたらしい私になるんだ。」という葵の気持ちは、さまざまな言葉や行動、態度などに表れていますが、ここでは、「言動や態度以外で」と指定されていることに注意しましょう。言動や態度のほかに気持ちが表れるものには、例えば着ている服や持ち物などが考えられます。行動そのものではありませんが、そういう服を着る、そういうものを持つ、といった行動の対象であり、気持ちを表しているものとして考えられるのです。**問一**でお母さんが不思議に思って尋ねたように、葵はいつもと違う感じの服を選ぶという行動をしていました。ここには、「あたらしい私になるんだ。」という葵の気持ちが表れています。ですから、ここで葵に選ばれた服が、葵の気持ちを表しているものになります。1行目に「新しいワンピース」、4行目に「若草色のワンピース」とありますが、字数の指定に合わせて、書き抜くものを選びましょう。

問三　「おしとやかな」は、もの静かで上品な様子を表します。**ア**の「明るく」「健康そう」、**ウ**の「人見知り」、**エ**の「素直そう」は、意味として不適切です。

問四　周りの人が葵を見ているときの様子です。直後に「転校生がどんな子なのか気にしているのだ」とあるように、葵のことが気になって、つい見てしまっているのです。**ア**の「おどおど」は、不安や恐れで落ち着かないときの様子なので不適切です。**イ**の「いらいらと」は思い通りにならなくて不愉快になっているときの様子なので不適切です。また、**エ**の「きょろきょろと」は、落ち着けずに辺りを見回すときの様子なので、葵のことだけが気になっているこの場面に不適切です。

問五　「周りの子が葵をどんな子なのか気にしているから。」のように書いたのでは、不十分です。葵が周りの子に見られていることを意識して背筋を伸ばしたのは確かですが、例えば、元気な子だと思われたかったり、優しい子だと思われたかったりしたなら、背筋を伸ばすのではなく、元気さや優しさを感じてもらえるような行動や態度をとったでしょう。ここで葵が背筋を伸ばしたのは、背筋を伸ばすという態度がふさわしい、きちんとした姿勢の子だと思われたかったからです。解答例では、——線⑤直後にある「優等生」という言葉を用いていますが、「萌ちゃんみたいな」という言葉を使ってまとめてもかまいません。答えには、「優等生らしくしよう」「萌ちゃんみたいにしよう」「萌ちゃんみたいになろう」にあたる内容が必要です。また、理由をきかれているので、文末は「〜から。」などの理由を表す言葉にしましょう。

問六　「あたらしい私」になろうという意欲にあふれていることは最初から最後まで変わっていませんが、最初のうちは、「みぞおちのあたりがきゅっと固くなった」などから、不安が大きく、緊張していたことが分かります。しかし、最後では、「葵の周りにも人が集まってき」て、「萌ちゃんになったみたい」とうれしく感じている様子が読み取れます。**イ**は「自分をかざらなくても」が不適切です。**ウ**の「人気がないことを実感してさびしくなった」が不適切です。28行目の「優等生らしくしなくっちゃ。」と振る舞いを気にしているので、**エ**は不適切です。

ハイレベル

42・43ページ

❶ 問一 例萌ちゃんのように、おしとやかにふるまおうとしていたから。
問二 イ
問三 萌ちゃんのことばかり考えている
問四 席が隣同士
問五 ア
問六 例無理

考え方

❶ 問一 ——線①の直前に、「常に萌ちゃんを思い浮かべて、つとめておしとやかにふるまった。」とあることに着目しましょう。葵の行動は、萌ちゃんを思い浮かべて、そのまねをしているのです。答えには、単に「萌ちゃんのまねをしている」だけでなく、萌ちゃんのどんな様子をまねしているのかが分かるように、「おしとやか」という言葉を入れてまとめましょう。

問二 ——線②の直前に「必死で抑えた」とあり、葵が楽に萌ちゃんのまねをしているわけではないと分かります。アは、「興奮している」には必死さがないので不適切です。ウは、「言い聞かせている」は適切ですが、「うたってはいけない」という点に限定しているところが不適切です。——線②のすぐあとの「おかげで」は歌をうたわなかったことだけではなく、それ以外の萌ちゃんのまねをしてきたこと全てについて言っています。エは、「必死に」は適切ですが、その必死になっている内容が「あたらしい私」について考えているという点が不適切です。葵にとって「あたらしい私」は萌ちゃんのような自分のことなので、今さら必死になって考えるようなことではありません。

問三 ——線③の直前に「そればかりか、」とあるので、その前の「肝心のクラスメートの顔と名前が、なかなか覚えられない」ということも、同じように葵の身に起きていることだと分かります。そして、その理由を、「萌ちゃんのことばかり考えているせい」だろうと葵が思っていることが書かれています。同じ十五字で、「つとめておしとやかにふるまった」がありますが、おしとやかにふるまっているというだけでは、なぜクラスメートの顔や名前が覚えられなかったり、教室全体にフィルターがかかったように見えたりするのかは分かりません。葵が思ったように、あたらしい私になるために萌ちゃんのまねをすることで精一杯で、周囲をしっかりと見るゆとりがないのだと考えられます。

問四 七海ちゃんに話しかけられて驚いているので、七海ちゃんについて書かれているところから探しましょう。すると20行目から、七海ちゃんとあまり話したことがないということが書かれています。また、条件が「ひと続きの二文」であることに注意しましょう。「あまり話し」のような書き抜き方では文の途中からになるため、条件に反します。

問五 ——線⑤の直前の「質問の内容に驚いてしまった。なぜそんなことをきかれたのか考える前に、するりと返事が飛び出した。」とあることに着目しましょう。考えるより前に返事が出てくるということは、思わず本当の自分の気持ちが出てしまったということです。葵は自分でも気づかないうちに疲れてしまっていたということになります。1行目に「三日がたった。葵はますます頑張っていた」とあります。転校をきっかけに萌ちゃんのようになろうと頑張りすぎて、その疲れがたまっていたと考えられます。

問六 ——線⑥の直後の「肩をすくめる」は、「あきれたり困ったりする」という意味で使われる言葉です。ここでは、「やっぱりね、と言うように肩をすくめた」とあります。七海ちゃんとしては、自分が思ったとおり葵が疲れているようなので、あきれて困ったような気持ちになり、無理をすることはやめた方がよいのにと思っていると考えられます。

❗注意する言葉
肝心・肩をすくめる

9 主題・人物像

標準レベル＋

44・45ページ

1 問一 (1)からかう　(2)笑顔

問二 ウ

問三 例今までの雪乃はいくら起こされても起きなかったのに、ちゃんと自分で起きたから。

問四 イ

問五 ア

考え方

1 問一　(1)の空欄の直後に「ような口調」とありますから、(1)に入るのは口調、つまり言葉の調子を表す言葉です。――線①の前後から、言葉の調子について表現している部分を探しましょう。すると、――線①の直後に、「笑顔とともに掛けられた、からかうようなそのひと言」とあります。ここから、茂三は「寝ぼすけめ」と雪乃の寝坊を指摘してはいますが、責めている様子で話しかけているのではないことが分かります。また、(2)は空欄のあとに「うれしそうに」とあります。この表現に当てはまる茂三の様子を探しましょう。

問二　気持ちを考えるときは、表情や態度、言動などを確認しましょう。ここでは、すぐ直後で「ごめんなさい」と謝っているので、謝りたい気持ちだったことは確かです。そのため、**エ**の「甘えたいと感じている」という気持ちだけでは不適切です。前の部分に「胸のつかえがすうっと楽になってゆく」とあるので、**ア**の「おびえている」、**イ**の「おどろいている」も不適切です。

問三　――線③の直後から、なぜこのように言ったのか、茂三の気持ちが書かれています。これまでの雪乃は、「婆やん」からいくら起こされても起きないとぶつくさ言われるほどだったのです。そしてこの朝、雪乃は自分で目覚まし時計を止めてしまいました。目覚まし時計が鳴っても起きられず、しかも、それを止めてしまったからには、今までの雪乃ならもう決して起きることはできないはずですが、なんとか自分で起きたのです。そのことに茂三は「てぇしたもんだわい」と感心したのです。答えに「一度目覚まし時計を止めたにもかかわらず」という内容を入れて書いていてもかまいません。「自分で起きた」が必要ですが、それだけでは不十分です。いつも自分で起きていたなら、自分で起きることは当然なので、「いつもなら起こしても起こしても起きない」という内容も必要です。

問四　雪乃は茂三が怒るはずだと考えていました。ということは、普段の茂三は怒らない人物ではないはずです。そのため、**ア**の「約束を破っても気にしない」は不適切です。「皺ばんだ目が面白そうに光る」「おかしそうに笑った」とありますが、これらは茂三の様子を表現しているものであって、茂三が「面白いことやおかしいことが大好き」なわけではありませんから、**エ**は不適切です。**ウ**は、怒られることを予想している雪乃の様子から「怒りっぽい」可能性はありますが、同時に、雪乃が怒られると思っていることから、「甘やかす」が合わないことも分かります。適切なのは、寝坊はしても頑張って自分で起きてちゃんと手伝いに来た雪乃を褒めているという、実際の言動に合っている**イ**です。

問五　約束は守るべきだと雪乃や茂三が思い直したわけではないので、**イ**は不適切です。この場面で雪乃は早起きするという目標を半分でも達成できたということを喜んでいるわけではないので、**ウ**も不適切です。茂三が雪乃を責めていないのは、雪乃を何かから守ろうという決意のためではないので、**エ**も不適切です。ここで描かれているのは、雪乃をいつくしむ茂三と、その茂三を「大好き」だと思う雪乃の心の交流なので、**ア**が適切です。

ハイレベル ++

46・47ページ

❶ 問一 イ
問二 誰にも言え
問三 例岳が自分たちに才能があると言ったことにおどろく気持ち。(27字)
問四 例岳にはげまされて、失敗を怖がる気持ちが弱まった様子。
問五 ア・ウ(順不同可)
問六 エ

考え方

❶ **問一** 登場人物の様子や気持ちを問われる問題では、その人物の言葉に着目しましょう。言葉は出題箇所だけではなく、他の部分まで見ることも大切です。――線①の後には早紀の言葉として、「自信ないんだ」「失敗してみんなに迷惑かけたらって思うと、怖い。」とあります。「自信ない」「怖い」は**イ**の「不安」につながります。**ア**の「照れくさそう」は「恥ずかしそう」の意味、**ウ**の「不愉快」は「嫌に思う」の意味なので、どちらも不適切です。

問二 早紀の言葉について書かれており、その言葉が今の彼女の思いなやんでいることにつながる内容であるところを探します。また、「独り言のように」ですから、相手に伝えようという意志のない様子にもなっているはずです。すると、7行目に「自信ないんだ」という今の早紀のなやみについての言葉があり、それが8行目で、「誰にも言えなかった言葉が、ぽとんと床に落ちた。」と表現されています。「ぽとんと床に落ちた」は、勢いのなさや声の小ささ、そして、この言葉が独り言のように思わず出たものであることを表しています。

問三 ――線②の直後に「俺たち？　才能？」と、岳の言葉への疑問が示されています。しかし、単に「疑問を感じる気持ち」では不十分です。というのは、――線②には「弾かれたように」という表現が用いられているからです。これは、「すぐに」「素早く」という様子を表しています。つまりここからは、直前で岳が言った言葉に対して、早紀が急激な反応を示した様子が読み取れます。単に疑問をもったというだけにとどまらず、驚きを感じたのです。

問四 「頬がゆるむ」というのは、うれしかったり、緊張が解けたりして笑顔になることです。「やっとゆるんだ」とあるので、それまでの早紀はずっと笑顔になれなかったのです。岳は、早紀にも才能があると言って、自信を持とうとはげましてくれました。早紀は自分に才能がないと思い、失敗を怖がっていたのですから、岳のはげましは、その失敗を怖がる気持ちを和らげてくれたと考えられます。解答例では、「岳にはげまされて」を入れて詳しく書いていますが、それはなくてもかまいません。「失敗を怖がる気持ちが弱まった(なくなった)」や「自信が出てきた」という内容が必要です。緊張が解けたことが分かる表現なら正解です。

問五 12～18行目からは、自分の才能になやんでいる岳の人物像が読み取れます。また30～31行目からは、自信をなくしている早紀に声をかけるという、友達を思いやる心をもつ岳の人物像が読み取れます。「いつも自信に満ちあふれているように見える」とありますが、実は他人のことを羨み、「うまくなりてぇ」とこぼしているので、**イ**は不適切です。また、友達を思いやる心があるのですから、**エ**は合いません。早紀をはげましていますが、それは自分が早紀を傷つけることをおそれてのことではないので、**オ**も不適切です。

問六 友情についても書かれていますが、**ア**は、「たがいを信じてはげまし合う」が不適切です。岳は早紀をはげましていますが、早紀は岳をはげましていません。難しいことだからいどむべきだという話ではないので、**イ**は不適切です。早紀と岳が協力する話ではないので、**ウ**も不適切です。失敗を怖がってくじけそうだった早紀が、自信を持って頑張ろうという岳のはげましで不安から抜け出していく場面なので、**エ**が適切です。

チャレンジテスト　48〜51ページ

1
問一　例お店が渋谷駅の再開発でもうじきなくなること。
問二　エ　問三　深々と頭を下げた（8字）
問四　例自分の父親が作った鉄道模型をジオラマに使ってもらえること（28字）
問五　例模型をもらったことを申し訳ないと思う（18字）
問六　みんなの店　問七　イ　問八　ウ
問九　イ　問十　ウ

考え方

1 問一　28〜29行目に輝華の「だってもうじきなくなりますからね」という言葉があります。答えには、「お店がなくなる」という内容が必要です。また、「お店がなくなるので鉄道模型がいらなくなる」のように、お店がなくなることと鉄道模型がもらえることをつなぐ内容を入れて答えても正解です。

問二　ゆずってもらったものは「真鍮製の鉄道模型」なので重いのは当然なのですが、もう少し考えてみましょう。1行目の「もらっていいのかな」、4行目の「ありえない」などを併せて考えると、健吾がこの鉄道模型を大切で貴重なものだと感じていることが分かります。ただ単に重量が重いということだけではなく、大切なものであるということも含めて「ずっしりした重みを感じて全身がしびれた」と表しているのです。アの「負担」やウの「リーダーとしての責任」は、この場面では読み取ることができません。

問三　鉄道模型をもらった場面から、健吾がおじいさんに対してとった行動を確認します。「深々と頭を下げた。」と句点を付けてもかまいません。

問四　おじいさんは「ジオラマにこのジャリ電を？」「きっとオヤジも喜ぶよ」と言っています。自分の父が作った鉄道模型を有効に利用してくれるということをうれしく感じているのです。

問五　41行目に「なんかまずくないか。……かすめとったみたいだよ」とあります。健吾がお店を閉めてしまう人からものをもらっていることに申し訳なさを感じたり、悪いことをしているのではないかと感じたりしていることを読み取りましょう。「鉄道模型をもらうこと」「自分たちのやっていること」のどちらかの内容が必要です。また、「申し訳ないと思う」「悪いことをしているのではないか」のどちらかの内容も必要です。

問六　――線⑤直後の「そうかなあ。あたしはそうは思いませんけど」も「」を入れて二十二字ですが、ここだと「そうは思いません」と健吾の考えを否定しているだけで、輝華自身の考えが分からないので不適切です。その後の輝華の言葉の中で具体的な思いが語られています。

問七　問五・問六で考えてきたように、健吾は渋谷のこの地域の街がなくなることに対して衝撃を受け、自分たちの行動に疑問をもつようになりました。そのことを輝華に言い、「そうは思いませんけど」と言われてもなお「でも……」と発言しており、衝撃が大きくてまだ考えをまとめられていない健吾の気持ちが表れています。

問八　店は取りこわされることになっており、前に「駅前のにぎわいから切りはなされた」とあることから、アやエは不適切です。イは、後に「お客さんと談笑している」とあるので、「あせる」が不適切です。

問九　――線⑧直前の「ここで生活している人のことなんて考えもしなかった」という記述から、自分の思いがそこまで及んでいなかったことに対して後悔をしていることが分かります。

問十　視点は健吾一人に固定されていますので、アやエは不適切です。たとえを用いた表現技法がたくみに用いられていますが、鉄道模型をくれたおじいさんや輝華について用いられているわけではないため、登場人物たちの人物像をえがき分けることにはつながっておらず、イも不適切です。ここまでで問題とされてきた部分もそうですが、この文章では「うれしいと思った」「悲しかった」というように、直接心情を説明するというえがき方をしていません。登場人物の感じ方や動作をえがくことで、間接的に心情についても表すというえがき方をしているのです。

10 表現のくふうと筆者の考え

標準レベル＋

52・53ページ

1 問一 ウ
問二 例服の質も量も、想像を遥かに上回っていたから。
問三 美学
問四 イ
問五 拘り、誇り
問六 エ

考え方

1 **問一** ――線①の直後から実際に始まっているのは、筆者の服選びです。「頑張りすぎちゃう?」「お洒落したさが見え見えやで」などの言葉は、誰かが筆者に言っているわけではなく、あくまで筆者自身の「脳内口論」です。「攻防」という言葉が「攻める」と「防ぐ」という両方の意味をもっていることからも考えて、誰かが一方的に批判しているような**ア**や**イ**は不適切です。**エ**は服選び自体ではなく、服選びの結果陥ってしまう思考のことなので、これも不適切です。**ウ**の「どの服を選ぶべきか」が、「この服はどうだろうか」「だめだ」「いや、いいのではないか」といった「攻防」に当たり、服選び自体を表した表現になっています。

問二 ――線②の直後に「質も量も、想像を遥かに上回っていたのだ。」と説明されています。ただし、これをこのまま書いただけでは、何の質や量なのかが分からない、不完全な文になってしまいます。それを補ったうえで、「なぜですか」と問われているので、文末は理由を表す「～から。」などでまとめましょう。

問三 ――線③のあとに書かれている「心が震えた」が「感動」と同様の意味を表しており、また、「強い憧れを感じた」が「感動」の具体的な内容に当たります。そこから、「あまりに毅然と、誇り高く佇んでいる」服たちから、持ち主の「美学」が溢れ出していると感じたことが、筆者の感動につながったのだと分かります。

問四 「一軍」は注釈にあるように「試合に出場する選手のチーム」のことです。そのように例えることで、大切に着続けていることを表しています。また、「揺るがぬ」は揺らぐことがない、ということですから、時間がたってもその気持ちが変わっておらず、今でもその服を着ていることを意味します。**ウ**は、「大切に」は適切ですが、「しまっている」の部分が不適切です。

問五 随筆などの文章では、筆者が得た教訓や気づきが書かれることがあります。そのような場合は、体験に基づいた内容を踏まえたうえで、そこから離れた一般的な事柄として教訓や気づきをまとめることが多いので、ここでも、服選びという筆者の体験から離れた一般論になっているところを探してみましょう。すると、30～31行目の「これは、どんな選択にも当てはまることかもしれない。」という一文が見つかります。ただし、この一文は「これ」という指示語で始まっていて、「これ」の内容が分かりません。指示語が指す内容は直前の一文ですから、それも含めて答えれば、条件の「ひと続きの二文」に当てはまります。

問六 最初の服選びの「脳内口論」で方言が用いられていますが、そこだけであり、全体的な表現の特徴とはいえないので、**ア**は不適切です。「驚愕」や「毅然」は筆者の服選びに対して用いられているわけではないので、**イ**は不適切です。示された「ずしんと」くらいしか「動きや様子を表現する言葉」はないので、**ウ**も不適切です。**問一**の「攻防が始まる」や**問四**の「揺るがぬ一軍」なども含めて、この文章ではたとえが多用されており、筆者のイメージを強調し、分かりやすくしていることから、**エ**が適切です。

ハイレベル ＋＋

54・55ページ

❶ 問一 成熟したテクニック
問二 例 上手なY君の絵は満点をもらえると確信していたから。
問三 エ
問四 例 満足する
問五 エ
問六 ウ

考え方

❶ 問一 6～7行目にY君の「絵の具の使い方は独特のものだった」とあり、絵の具の使い方に感心していることが分かります。この独特の使い方については、9～10行目に「淡いパステルカラーに仕上がる。成熟したテクニックだった。」とあります。ここから指定の字数に合う部分を書き抜きます。

問二 ――線②の直前で書かれているのは、Y君の絵が満点の5点ではなく、平凡な3点だったということです。これについて「いったいどうしたことか」と理解できない気持ちを感じていることから、筆者はY君の絵が満点でなかったことに納得できなかったことが分かります。では、なぜ納得できなかったのでしょう。筆者はY君の絵について「やっぱうまかねえ」と言っていました。つまり、とてもうまいのだから満点をもらえて当然だと思っていたのです。解答例の「満点をもらえると確信していた」のところは、「満点をもらえなかったのが変だと思った」など、点数について疑問に思ったことが分かる書き方であればかまいません。何の点数についてかの記述が不十分になってしまわないために、「Y君の絵は」という語句が必要です。また、なぜ満点をもらえると思っていたのかが分かるように、「上手」「うまい」という意味の語句も必要です。

問三 筆者が、次の図画の時間にどのような行動をしたかに着目しましょう。27行目にあるように、「絵の具箱にある色を全部使う」というものでした。色をたくさん使っただけで、Y君のような絵の具の使い方をしたわけではないので、**ア**は不適切です。絵の具のよし悪しとは関係がないので、**イ**も不適切です。「全部使う」というだけで、混ぜ合わせて新しい色を作ったということではないので、**ウ**も不適切です。「全部使う」と一致するのは、数のことに触れている**エ**だけです。

問四 「してやったり」は「思い通りにうまくいった」という意味です。「うまくいった」のですから、「満足」や「うれしい」などの言葉が適切です。四字という指定に合うように書きましょう。「してやったり」の意味を知らなくても、その前に「ほくそ笑んだ」とありますから、ここからも「笑うようなことだ」と考えて答えを導くことができます。「満足した」や「うれしい」以外でも、自分を褒めるような言葉であれば、かまいません。

問五 この文章はずっとY君の絵の話をしています。「あの日の光輝く海の美しさ」とは、Y君が描いた海辺のことだと考えられます。「子供たちは目の前の美しいものは目に焼きつけ思い出として記憶の中にしまいこむしかなかった」とあるので、海辺の絵を描いたY君は海の美しさを目に焼きつけて覚えているはずだと筆者は考えているのです。よって**エ**が適切です。自分がY君の絵を理解していることと、Y君と海の話ができることとは関係がないので、**ア**は不適切です。写生で海を見たのが筆者とY君だけとは考えられないし、海の絵の美しさは大勢で話題にしていたので、**イ**と**ウ**も不適切です。

問六 最後の段落で「今にして思うのは」と、現在の筆者が過去のことを思い出している様子が書かれているため、**ウ**が適切となります。文章中に会話文はいくつかありますが、それによって当時の筆者の気持ちが映し出されているわけではないので、**ア**は不適切です。**イ**は、「個性が評価されることの大切さをなげきうったえている」様子は書かれていませんので不適切です。「あわただしい現代」への疑問を投げかけてはいないので、**エ**も不適切です。

注意する言葉 大胆・パステル・成熟・ほくそ笑む

チャレンジテスト　56・57ページ

1
問一　ア
問二　「もったいない」とささやく声が耳底で聞こえる(から。)
問三　ウ
問四　例ワンガリ・マータイさんが「もったいない」をすてきな日本語として広めたことに対して感謝する心情。
問五　していた。
問六　エ

考え方

1
問一　前の段落で、「捨てることが美徳だ」とされる世の中の様子を述べた後に、それとは違う「捨てられなかった」自分の生活の様子を述べていることから考えましょう。前の内容と後の内容とを対比するときに用いる接続語を選びます。イは「だから」と同じ意味で用いられる言葉です。ウは言い換えるときに、エはどちらかを選ぶときに用いられます。

問二　「父と母からいつもいわれた言葉」は「もったいない」であると、文章の冒頭で書かれています。――線②の直前にも「もったいない」があることに着目し、この部分を前後に合うように書き抜きましょう。筆者は、子どもの頃から「もったいない」という気持ちをもって暮らしてきました。そのため、大人になった今でも、食べ物を残そうとするときには、「もったいない」とささやく声が耳底で聞こえて残すことができないと述べているのです。

問三　「いい顔」というのは、物事に対して好意のある態度や積極的に協力しようとする様子を表す言葉です。それをしないということなので、食事の持ち帰りに対して好意的でない、積極的でないということを意味しています。食事の持ち帰りをよく思っていないということなので、イやエは不適切です。アは「料理を客が残すことに」となっているので不適切です。なお、アの「いきどおり」は「腹を立てること」「怒ること」という意味です。

問四　単に「広めた」ではなく、「広めてくださった」と表現しています。ここでどんな心情のときに、こうした表現になるのかを考えます。ここでの「～くださった」は、筆者から話題の人物に対しての敬意を表しています。ここから、筆者は、ワンガリ・マータイさんが「広めた」ことをありがたい、うれしいと敬意をこめていることが分かります。「何に対する」の部分は、「ワンガリ・マータイさんが『もったいない』をすてきな日本語として広めてくれたことに対して」の内容が必要です。「どんな心情」の部分は、「感謝する心情」「ありがたく思う心情」「うれしく思う心情」などの内容が必要です。

問五　この文章の冒頭は、筆者が小さいころに両親から「もったいない」といつもいわれていたという体験です。次の段落の内容も、それに続いています。三段落目は、初めに「いつからそうでなくなったんだろう」と書かれており、ここからは、筆者が現在考えている内容になっています。この段落でも昔を振り返っているのは確かですが、「そうでなくなった」、つまり筆者の昔の体験のようでなくなったのはいつからなのかについて、考えをまとめている部分であり、筆者の昔の体験とはいえません。

問六　この文章の最後で筆者は、「穴があけば……針を持ってチクチクする時間は、夜更けのいちばん静かな時間だ。」と書いています。この表現の意味を考えましょう。洋服にあいてしまった穴を糸でかがることに、筆者は充実感を覚えているのです。それは、自分の生活の信条を守ることになるからでしょう。「もったいない」という考えを筆者が大切にしていることを読み取りましょう。アは、「もっと広めなければならない」という思いは述べていないので不適切です。イは、「精神が失われたことがなげかわしい」とは述べていないので不適切です。ウは、「ずぼらでものぐさであることが」の部分が不適切です。

注意する言葉　美徳

11 事実と意見

標準レベル＋

58・59ページ

1 問一 例飼われている数や出版されている本の数がイヌに比べて多いから。

問二 金をかける　問三 ウ

問四 例棲む地域は人間社会とその周辺で、人間の関与によって生存していると思えるから。

問五 私には尻尾をふって近づいてきた

問六 4

考え方

1 問一 1段落では「ネコブームが起きている」という事実を、具体的なデータをもとに説明しています。

・ペット協会調べ
　飼われているイヌ　約八九〇万三〇〇〇頭
　飼われているネコ　約九六四万九〇〇〇頭

・国会図書館調べ
　イヌ関連の本　四二二冊
　ネコ関連の本　七〇七冊

このデータから分かることは、「イヌに比べてネコは人気が高い」ということです。「なぜですか」と、理由を答える問題なので、「～から。」でまとめます。1段落では、さらに専門雑誌や一般雑誌でのことも書かれていますが、イヌもネコも両方とも人気があることを表しているので、答えには必要ありません。

問二 指示語の問題です。指示語の後ろまで読んで、それから直前を読み返し、指示語に置き換えても意味の通る言葉を探すようにしましょう。そうすると「この動向」とは、2段落の内容を指していることが分かります。この段落の内容をまとめると、

・イヌの飼育数は前年割れで、ネコの飼育数は横ばい傾向。
・ペット産業の市場規模は拡大。

ということです。イヌやネコなどペットの飼育数は増えていないのに、売り上げは上がってきていることになります。このことを、問題文の空欄に入れることができる言葉で言い換えることになります。17行目に「金をかける」という表現があります。

問三 15行目の「つまり」という言葉に着目しましょう。「つまり」は説明文でよく使われる言葉で、前の内容を言い換えたり、まとめたりします。ここでは「コンパニオンアニマル」を「家族の一員、人生の伴侶」と言い換えています。

問四 ――線④の後を続けて読んでいくと、「から」という理由を表す言葉が二度使われています。「ノライヌもノラネコも、棲む地域は人間社会とその周辺だと思われるから」と、「それなりに人間の関与によって生存していると思えるから」の二つをまとめて答えを完成させます。理由を答える問題なので、「～から。」などで文を終えましょう。

問五 ――線⑤を含む文には、「彼らの記憶の中に人間への親しみが残っているように思う」とあります。つまりここでの「人間への親しみ」とは、子イヌ、子ネコの記憶の中に残っている親しみ、ということになります。31行目から、筆者がノライヌと仲良くなった経験を例として、子イヌのころに人と接していた動物の様子が書かれています。

問六 説明文では、文章の最初か最後の段落に筆者の意見が書かれていることが多いです。ただしさまざまな文章がありますので、きちんと確認することが必要です。1段落は、データをもとに事実を説明しています。5段落は、30行目に「思う」、35行目に「だろう」と筆者の思いが書かれていますが、これは4段落に書かれた内容をより詳しく説明するためです。4段落では、「さて、この『ノラ化』は『野生化』だろうか。線引きは曖昧だが、私は『ノラ状態』をまだ野生化に入れていない。」とあり、筆者独自の意見が述べられています。

❶ 問一　イ

問二　例(関東より南の地域では)冬の寒さより夏の暑さのほうがしのぎにくいこと。

問三　例気温が上がらないような工夫をしていたから。(21字)

問四　7

問五　ウ

考え方

❶ 問一　「昔の人が道路を石畳にしなかった理由」は、——線①の直後に書かれているように、「夏の暑さを避けるため」です。このあとの文章でなぜ石畳にしないことで夏の暑さが避けられるのかが具体的に説明されているので、文章の内容に沿って記号を選びましょう。また、当てはまらないものを選ぶ問題であることにも注意しましょう。「昔」「石畳」について書かれているところを探すと、5段落に「石垣や石畳が真夏の太陽で熱くなり夜中になっても冷えにくいことも、昔の人は知っていた」とあります。次に6段落に「高温になった石に冷水をかけても容易には冷えないことも、昔からの常識だった」とあり、8段落に「真夏の旅行者は高温の石の上を草鞋がけで歩かなくてはならない」とあります。それぞれの部分が順に**ウ**、**ア**、**エ**の内容に合うので、当てはまらない**イ**が正解です。15行目に「熱帯地方並みの高温多湿になる」とありますが、これは石畳にしたからとは書いてありません。

問二　説明文において筆者は、他の人の意見などをもち出して自分の言いたいことを補足することがあります。これを「引用」といいます。この文章では2段落で『徒然草』を引用しています。「〜とあるように」という表現に着目して、そのあとに書かれている内容をまとめると答えになります。『徒然草』の引用部分の後半は現代語にすると「冬はどのような場所にも住むことができる。暑いときによくない(住みにくい)住居は耐えられない」となります。

問三　3段落の「今は冷房できるから夏でも楽に暮らせるが」と、4段落の「江戸時代は、世界じゅうどこにも冷房技術はなかった」にまずは着目します。そうすると、冷房がなかった江戸時代は焦熱地獄、ということになってしまいますが、実際はそうではなかったことの理由を答える問題です。このことに気をつけて文章を読むと、4段落に「熱帯地方並みの高温多湿になる真夏の江戸では、冷やす努力をするより気温が上がらないよう工夫する」という表現があることが分かります。この部分に着目し、文字数に注意してまとめましょう。

問四　「空調」とは「空気調節」を省略した言葉です。——線④は土の道路についての話なので、土の道路について書かれているところを探しましょう。7段落に「土の道なら水がしみ込んで……肌で感じるほど涼しくなった」とあることに着目すると、この段落で土の道路に空気調節の機能があることが説明されていると分かります。

問五　——線⑤の直前の「代償」の意味をまず確認しておきます。「代償」は「損害の償い」「ある行為への報い」などの意味がありますが、ここでは「あることをするために必要な犠牲」の意味で使われています。つまり9段落の後半は、「夏でも寒いほどの冷房を効かせるために、私たちはいったいどんなことを犠牲にしているのだろうか」という意味になります。この部分は疑問の形になっていますが、読者に向けて疑問の形で語ることによって、筆者の意見を伝えようとしていると考えることができます。筆者はこの文章全体を通して、江戸時代の気温が上がらないようにする工夫を、さまざまな事実を挙げて説明しています。その代わりに埃やぬかるみが発生してしまっていたとまとめられているのがこの段落です。江戸時代の「夏が暑すぎないように」するだけの工夫でも代償を支払っているのであれば、「夏でも寒いほど」にする現代の冷房では、それ以上の代償を支払っているのではないか、と筆者は考えているのです。

注意する言葉　しのぐ・素朴・代償

12 文章の構成

標準レベル＋ 62・63ページ

1 問一 ア　問二 自分の意見を押し殺しても集団に同調　問三 例 一人だけでも傘に入る方が効率的だ(と考えたから。)　問四 (1)個性 (2)協調性　問五 イ　問六 8

考え方

1 **問一** 空欄に入る接続語を答える問題です。直前の「あなたの他の人と違うところはどこなの？」という欧米人の言葉と、直後の「どうして他の人と同じようにできないの？」という日本人の言葉を比べると、意味のうえでちょうど反対になっていることに着目しましょう。「これに対して」は、前の内容と後の内容が反対であるときに用いる言葉です。

問二 「他の人と同じであること」を具体的に言い換えた言葉を探しましょう。8段落で日本人の気質が説明されていますが、この部分の「集団に同調」という言葉が、——線②の「他の人と同じ」に対応していることをおさえます。

問三 ——線③では新渡戸稲造の妻について「アメリカ人の」とわざわざ説明しています。つまり、アメリカ人だから不思議に感じたということを示しているのです。では、アメリカ人の考え方とは、どのようなものでしょうか。それは、続く7段落で述べられています。アメリカ人の場合は、二人で暑さを避けることが合理的だし、たとえそれができなくても、せめて一人だけでも日蔭に入る方が効率的だと考えるので、二人で暑さを分かちあうというのが不思議だったのです。答えには、「一人だけでも涼しい思いをした方がよい」という内容が必要です。

問四 「日本人の気質」を適切な形で説明する問題です。「こうした」という指示語に着目すると、ここでの「日本人の気質」とは、「自分の意見を押し殺しても集団に同調しようとする」ことと、「協調性を重んじ、集団で力を合わせて行動すること」です。前者は問二の答えであり、「他の人と同じであること」の言い換えでしたね。一方で文章の冒頭が欧米と日本の比較であり、「個性を重視する欧米」と書かれていました。「他の人と同じ」というのが「個性」の逆であることを考えると、日本人の気質とは、「協調性を重んじる」ということになります。

問五 10・11段落の役割を答える問題です。10・11段落では、「イネを作るとき」の「集団作業」にどんなものがあるかを詳しく説明しています。10段落では水田で勝手に水を引くことができないこと、11段落では田植えは協力して行わなければできないことを述べています。以上のことから、9段落の「集団作業」についての具体的な説明だといえます。

問六 この文章の構成を細かく見ていきましょう。まず、1・2段落が日本での個性(育て方)に関する例となる内容で、3段落がこの1・2段落のまとめになっています。これに続けて、4・5・6段落が日本人の気質について日傘を例にして述べた内容であり、7段落がこれら日傘に関する内容についてのまとめになっています。そして、8段落でここまで述べてきた日本人の「自分の意見を押し殺しても集団に同調しようとする……一方で協調性を重んじ、集団で力を合わせて行動する」という気質が稲作と関係することについて触れ、それ以降の段落では具体例を挙げながら、日本人の気質が稲作によって生み出されたことが述べられています。よって、8段落からが正解です。

注意する言葉 合理的・同調・協調性

ハイレベル

64・65ページ

❶ 問一 ウ

問二 例視聴者が一〇〇パーセント正しい真実があると誤解するから。(28字)

問三 (1)例仮説を立てて検証し

(2)例仮説を修正して再び検証してみる

問四 4

問五 例限られた認識の手段を使って、仮説と検証を繰り返しながら少しずつ真理に近づく営み。(40字)

考え方

❶ 問一 ①は、直前の「私たちは法則や理論を『一〇〇パーセント正しい』と思いこんでしまいがちです」と、直後の「科学の法則や理論はそのような絶対的な真理ではない」の内容が反対になっています。したがって逆接の接続語「ところが」を入れるのが適切です。④は、直前の「仮説というのは、……正しいかどうかを確かめ」ることを、直後で「検証」と簡潔に言い換えています。したがって、言い換えを示す「つまり」を入れるのが適切です。

問二 ――線②直前の「から」という理由を表す言葉に着目します。「驚きの真実が明らかに！」という言い方をすると、「視聴者は一〇〇パーセント正しい絶対的な真実があるように思ってしま」うのです。この点を指定字数内にまとめます。解答例以外に、「一〇〇パーセント正しい真実は存在しないから」という内容でも正解です。また、――線②直後の「(人間は)一〇〇パーセント正しい真実を把握することはできません」という部分を使ってもかまいません。答えの文末は「〜から。」でまとめます。

問三 科学が真理に近づいていく流れを適切な形で説明しましょう。――線③の「科学はどのようにして真理に近づいていくのでしょうか」という問いかけに対する答えは、5〜9段落で説明されています。まず、5・6段落では「疑うこと」について述べられています。次に、7・8段落では「仮説を立て」ることと、それを「検証」「実験」することについて述べられています。そして9段落では「仮説どおりの実験結果が出ない場合は、仮説を修正し……修正した仮説が正しいかどうか、再び検証をしてみる」ことが述べられています。この流れを空欄にあてはまるようにまとめます。(1)には「仮説を立てる」ことと「仮説を検証する」ことを入れる必要があります。(2)には「仮説を修正して再び検証する」ことを入れる必要があります。

問四 意味段落に分ける問題です。意味段落とは、文章を内容のうえでいくつかに分けたときのひとまとまりのことをいいます。1〜3段落では、テレビ番組の例を挙げながら「科学とは〜少しずつ真理に近づいていこうとする営み」であることを述べています。そして4段落以降では、1〜3段落を受けて「科学はどのようにして真理に近づいていく」のかということについて説明しています。したがって4段落からが文章の後半であると言えます。また、4段落の「では」という接続語にも着目しましょう。「では」は話題を転換し、いよいよ本題に入っていくという意味をもっています。

問五 科学についての筆者の考えをまとめる問題です。科学がどのような営みであるかは、3・9段落で述べられています。両方の内容が入るようにまとめましょう。両者に共通するのは、科学が「少しでも」、「少しずつ真理に近づいていこうとする営み」であることです。3段落はその営みが「限られた認識の手段を使って」行われること、つまり完璧でない人間の能力を用いて真理に近づこうとすることに触れています。9段落は「仮説と検証を繰り返して」真理に迫ることに触れています。どちらの内容も答えに必要です。

❗注意する言葉 真理・仮説

13 要旨

標準レベル＋ 66・67ページ

1 問一 仲
問二 例忘れてしまうとテストで減点されてしまうから。
問三 ウ
問四 ウ
問五 ア

考え方

1 問一 知識と思考の関係性を読み取ります。空欄の直後の一文に、「知識の豊富な人は思考が下手、思考力の高い人は、しばしば、知識習得が不得手なことが多い」とあることから、知識と思考は互いに反する関係であることが分かります。この意味に当てはまる言葉は「『仲』がよくない」です。人間ではないのに「仲」という言葉が使われていますが、これは人間でないものを人間のように表現する「擬人法」という表現技法です。

問二 ――線②の「勉強の敵」という言葉をヒントにして考えると、「このとき」という指示語は、学校でテストをするときのことを指していると分かります。また、「勉強の敵」という表現は、「悪玉忘却」が「勉強」において悪い影響を与えることを表していると考えることができます。つまり、テストのときに「悪玉忘却」が引き起こす悪いことを答えればよいのです。テストの場面で考えれば、「忘れた分だけ減点される」ことだと考えられます。「忘れるとテストで」の内容が必要です。答えの終わりは「減点されるから。」「困るから。」とまとめます。

問三 3段落では次のようなことが述べられています。「悪玉忘却を目の敵にして抑えていると、何でもかんでも無闇に覚えて、……新しいことを取り入れようという意欲を失わせる」ので、「頭の中をきれいに整理する必要がある」。これが「善玉の忘却である」。そして「善玉の忘却が停止したら異常が起こる」。つまり、新しいものを取り入れたり思考したりすることができなくなってしまうのです。この内容を簡潔にまとめたのが**ウ**です。**ア**は「玉石混淆の知識をたくわえ」が不適切です。**イ**は「善玉忘却も停止するべきだ」が不適切です。**エ**は「何でも覚えることが大切だ」が、「善玉の忘却」を勧める筆者の考えと食い違います。

問四 4段落では「コレステロール」が話題にされています。しかし、この文章は「コレステロール」について説明する文章ではありません。いったいなぜこのような話題が出てきたのでしょうか。ポイントは4段落の最後の一文です。「それに似ているのが忘却で、やはり善玉と悪玉がある。」とあります。ここから、「善玉と悪玉がある」点で「コレステロール」と「忘却」が似ていることが分かります。つまり、「忘却」について分かりやすく説明するために、たとえを用いたのです。したがって、4段落は3段落のたとえとしての働きをもっているといえます。

問五 文章全体の結論が述べられているのは5段落です。筆者は、悪玉忘却はよろしくないが善玉忘却は歓迎するべきだと述べています。しかし、忘却に善悪があることを分かっていない人が多いため、頭を悪くしている、つまり新しいものを取り入れたり思考したりすることができない人が多いと考えているのです。この点を簡潔に説明したのが**ア**です。コレステロールの話題は、忘却の説明のたとえとして用いられているだけなので、**イ**は不適切です。**ウ**は「忘却を抑えず積極的に忘れることが大切だ」という点が不適切です。筆者は悪玉忘却を抑えてはいけないと言っているわけではありません。善玉忘却を抑えてはいけないと主張しています。1段落の論文の話題は、知識に関する話題の前ふりとして用いられたものなので、**エ**は不適切です。

ハイレベル ++

68・69ページ

❶ 問一 例技術の基本などが体系化されて、言葉で伝達できるように整理されている状況。

問二 ウ

問三 イ

問四 例創造的な体験について的確なヒントを出すこと。

問五 例自分がどう考え、どうしたいのかを常に観察すること。(25字)

問六 エ

考え方

❶ 問一 「この状況」が指す内容をとらえます。――線①を含む一文「この状況が、学校というものを成立させ、教育の大部分のステップとなっている。」から、「この状況」は学校教育を成立させる条件を指し示すと考えることができます。それを念頭に置いて指示語の直前部分を読みます。「技術の基本……の基礎的な部分は、それぞれのジャンルで体系化され、言葉で伝達できるように整理されている」状況が、学校を成立させているのです。答えには「基礎・基本」が「体系化・整理されている」という内容が含まれていることが必要です。

問二 ②の前、1段落では、**問一**で読み取った内容が述べられています。一方②のあとには「創造的な体験は……外部からは、せいぜいヒント的なものしか得られない」もので、「上達のヒント」を教えてもらえるようなものではないことが述べられています。前後が反対の内容になっているので、「しかし」が当てはまります。④の前の「ある個人をずっと見守っているのは、結局は本人以外にいない」ことを考えれば、「もし学ぼうと思ったら、自分を先生にするしかない」ということに最終的にたどり着きます。よって、「要するに」という意味を表す接続語の「つまり」が当てはまります。

問三 「創造的な体験は……個人的な体験である」「ヒントさえも自分が見つけるものである」「(ヒントが)外部から与えられたら、それはもう創造的ではなくなる」という表現から、2段落では「創造的な体験は自分一人でしか体験できないものだ」ということを述べていると判断できます。

問四 3段落では「一対一の個人レッスン」なら「ヒントが幾分的確に出せる」ことが述べられています。ということは、「多人数を指導しなければならない」学校の先生には、ヒントを的確に出すのが難しいと言えます。答えには「創造的な体験についてヒントを出す」という内容が必要です。

問五 ――線⑤を含む一文に「自身を見守るには、自分を客観視できなければならない。」と書かれていますが、「自分を見守ること。」という答えでは、二十字以上、二十五字以内という字数の条件を満たしていません。そこで、その次の文に着目すると、「自分がどう考え、どうしたいのかを常に観察する」という表現があります。これが、「客観視」することを具体的に表した表現になります。この部分を使って答えましょう。

問六 4段落以降で、自分を先生にして学ぶことが述べられています。この点に触れているのが**エ**です。4段落の「自分を先生にするしかない」、5段落の「自分がどう考え……別の自分が、あなたを指導する適任者である」、7段落の「感情的なエネルギィは、……創造的な「勉強」が可能になるだろう。」などの表現にも着目しましょう。**ア**は、「感情のエネルギィ以外を注がない」が不適切です。**イ**は、「道理」という言葉の使い方が7段落と異なっています。**ウ**は、「先生の存在が勉強をつまらなくしてしまう」が不適切です。先生がヒントを出せないことは述べられていますが、先生が勉強をつまらなくするとは述べられていません。

! 注意する言葉
体系化・創造的・客観視

チャレンジテスト　70〜73ページ

❶
問一　①事実　②意見
問二　例紙に印刷されたものは、文章が書いてあった場所や形を記憶にとどめやすいから。
問三　例教科書も新聞と同じくレイアウトによって記憶にひっかかるフックがたくさんあるということ。
問四　⑤ア　⑦ウ　問五　例新聞の記事（5字）　問六　ア
問七　(1)例簡単に検索（5字）
(2)例過去の記事や関連する記事をまとめて読む（19字）
問八　例・ネットの画面で見るより記憶が定着しやすい。
・開いたときに全体を見通せるので一覧性が高い。
・「情報感度」が上がって人と深い話ができる。（順不同可）
問九　政治や経済の話　問十　ウ　問十一　イ

考え方

❶
問一　——線①は、文末が「〜ようになっています。」となっていることから、事実の説明だと判断できます。一方、——線②の文末は「〜私は思います。」となっているので、筆者の意見だとわかります。

問二　4段落の「記憶に定着するかという点で見たら、紙に印刷されたもののほうが、圧倒的に有効」だという部分は、——線③と同じ内容です。そして5段落の「なぜかというと〜」以降でその理由が述べられています。ここを使って答えましょう。

問三　「教科書もそうですね。」の「も」は、前に述べられている内容と同じことを述べることを表します。したがって、前に書かれている新聞の特徴と教科書の特徴が同じだということがわかるのです。「教科書と新聞が同じ」という内容、「レイアウト」がポイントであるという内容、「記憶にひっかかるフックがある」という内容が必要です。

問四　⑤の前後では新聞や教科書とタブレットの画面の違いが説明されています。前と後の違いを表す「でも」を入れるのが適切です。⑦は、前後の「同じ形の家がずっと続いていく」と「人工的な街み」が同じ内容です。言い換えを表す「つまり」を入れるのが適切です。

問五　9段落の最初の「たとえていえば」という表現に着目しましょう。その後に「新聞の面は住宅地で、そこに掲載されている記事は家のようなものです」とたとえた表現が続いています。

問六　⑧を含む15段落では、過去の記事を検索する際に、新聞だとものすごく手間がかかるということが述べられています。あまりに大変すぎて正気ではできないという意味で、アの「気が遠く」が入ります。

問七　14段落に「ネットにも良い点はあります」と書かれており、記事の検索の簡単さと、関連する記事をまとめて読める点が述べられています。

問八　一つ目は3段落の「メリットは……ネットの画面で見るより、紙に印刷された文字で読むほうが記憶が定着すること」です。二つ目は12段落の「一覧性」です。三つ目は18段落の「新聞を読んでいると、……人と深い話ができる」ことです。

問九　19・20段落には、新聞を読んでいない相手との話題は、ごく日常的な話題ばかりになってしまうことが書かれています。一方、18段落には、新聞を読んでいる者同士は、「深い話ができ」、当たり前に「政治や経済の話ができ」ると書かれています。

問十　この文章は新聞のメリットを説明しています。これを簡潔にまとめたのが、17段落の「印刷された新聞ならではの良さがある。……」という二文です。アは記憶の定着、イは一覧性、エは情報感度と、それぞれ新聞の長所の一つを表した文であり、全体のまとめではないので不適切です。

問十一　この文章では、最初に話題が提示されたあと、新聞の長所として三つのことが説明されています。話題の提示が1・2段落、記憶の定着について書かれているのが3〜10段落、「一覧性」について書かれているのが11〜17段落、「情報感度」について書かれているのが18〜20段落です。

14 詩・短歌・俳句の表現

標準レベル＋ 74・75ページ

1 問一 (第一連)イ (第二連)エ 問二 例あたためよう
問三 例なぐさめるため

2 問一 ①エ ②ウ 問二 例蛙の鳴き声

3 問一 ①(季語)桜草 (季節)春 ②(季語)天の川 (季節)秋
問二 例見(え)た天の川

考え方

1 問一 第一連は、4～5行目の「静かに鳴らそ、／貝がらを。」の部分で語順を入れかえ、後に示した「貝がらを」という語を強調しています。第二連は、七音と五音の組み合わせを三回繰り返しています。

問二 「あたためん」の「ん」は昔の日本語(文語)の用法ですが、現代でも「～しよう」という意味で用いられます。

問三 貝殻を鳴らすことで自分をあたためようとしている、という詩の内容を読み取りましょう。

2 問一 短歌と意味を読み比べ、意味の中で句点(。)が付いている部分が、短歌のどの部分に対応しているのかをとらえましょう。

問二 「……鳴らすごと 蛙は鳴くも」に着目しましょう。「ごと」は「ように」という意味で、たとえを表すのに用います。

3 問一 ①「桜草」は春に花を咲かせる植物なので、現代の感覚と同じく春の季語となります。②俳句における暦は、一月から三月が春、四月から六月が夏、七月から九月が秋、十月から十二月が冬となるので、七月に関連する「天の川」は、秋の季語となります。

問二 「障子の穴の天の川」とはどのような情景かを、「障子のやぶれた穴から」という表現をヒントにして考えましょう。

ハイレベル＋＋ 76・77ページ

1 問一 息せき切って、飛んで、飛んで、
問二 例砂漠に咲いた大好きな花に水をやるため。
問三 エ

2 問一 イ 問二 ①ウ ②ア

3 問一 ①(季語)蜻蛉 (季節)秋 ②(季語)手袋 (季節)冬
問二 ウ

考え方

1 問一 反復法は、同じ語句や似ている語句を繰り返し用いる表現技法です。「飛んで、飛んで、」と繰り返すことによって、薬罐が一生けんめいに飛んで行く様子を表現しています。

問二 最後の連で、薬罐が飛んで行ったのは砂漠であることが読み取れます。砂漠に行った目的は、最後の二行から読み取れます。

問三 花に水をやるために砂漠に向かう薬罐のことを、作者の想像で、ユーモラスに描いた詩です。作者の想像の世界を描いた詩なので、アの「作者の見た」、ウの「薬罐が飛んだことへの作者のおどろき」は合いません。また、イの「薬罐の孤独」は読み取れません。

2 問一 「一生」という「名詞」で終わっているので、体言止めです。

問二 ①は、「船乗りせむ」や「今は漕ぎ出でな」という表現から、船出のときのことをよんだ短歌であることをとらえましょう。②の作者は、「君」と二人で観覧車に乗っているのでしょう。その「想ひ出」が、「君」にとっては一日で忘れるものだとしても、「我には一生」のものだという表現に、今を特別な時間と感じる作者の心情が表れています。

3 問一 ①「蜻蛉」は、秋の季語です。②「手袋」は、現代の感覚と同じく冬の季語です。

問二 寒い季節に、手袋をとった直後の手の暖かさを感じたときの心情を考えましょう。

チャレンジテスト

78・79ページ

1 問一 ア・ウ(順不同可)
問二 いま
問三 例どうなるか分からないこと・例可能性

2 問一 エ

3 問一 ①エ ②ア
問一 ①(季語)虫の声(虫) (季節)秋 ②(季語)瀧 (季節)夏
問二 ①ウ ②イ

考え方

1 問一 この詩には句読点が付けられていませんが、3行目「いま 白いノートの季節」、7行目「これから誰にでもなれるあなた」、13行目「あたらしいペンをもつ あなたの指さき」などには、前後のつながりから最後に句点が付くと考えられます。それらの行が名詞で終わっていることから、ア「体言止め」が用いられていると考えられます。また、「あなたは あなたにさわれないのです いつも」という9行目は、語順が入れかわっていると考えられます。イの「直喩」とは、現代の話し言葉(口語)の「ようだ」や昔の日本語(文語)の「ごとし」などを使って、ある事物を別の事物にたとえる技法です。この詩では、「誰にでもなれる」ことを「何をでも書ける」という表現でたとえるなど、「ようだ」や「ごとし」を使わない「隠喩」は用いられていますが、「直喩」は用いられていません。

問二 「ここ」は、「鏡の向こう」や「裏側」と対照的な言葉です。「鏡の向こう」にいるのは、「明日のあなた」なので、「ここ」は、「明日」と対照的な「いま」を表していることをとらえましょう。

問三 「鏡の向こう」にいる「明日のあなた」にはさわれません。つまり、未来の自分の姿を知ることはできないことが表されているので、未来がどうなるかが分からないという内容が書けていれば正解です。未来はどうなるか分かりませんが、「白いノート」や「これから何をでも書ける」という言葉からは、これからどんなことでも書くことができる、つまり未来にはいろいろな可能性があることを表していると考えましょう。

2 問一 ①の短歌は「名にしおわば／いざ言問わん／都鳥／わが思う人は／ありやなしやと」と区切られ、第一句の「名にしおわば」が六音、第四句の「わが思う人は」が八音になっています。また、②の短歌は「夕焼け空／焦げきわまれる／下にして／氷らんとする／湖の静けさ」と区切られ、第一句の「夕焼け空」が六音になっています。このように、短歌の定型である「五・七・五・七・七」よりも部分的に音数を多くすることを「字余り」と呼び、意図的に言葉のリズムを変えることで印象を強める効果があります。

問二 ①の作者は、かつて住んだ都(京都)を離れた旅先で「都鳥」という名の鳥を見て、「わが思う人」を残してきた都へ思いをはせているのです。②の作者は、「焦げきわまれる」様子の「夕焼け空」と、「静けさ」をたたえた「湖」の風景を対比しています。

3 問一 ①俳句における「虫の声」や「虫の音」は、鈴虫やこおろぎ、きりぎりすなどの、秋に鳴く虫たちの声を指します。②「瀧」は一年中見ることができますが、涼しさが感じられることから、夏の季語になりました。

問二 ①家の庭で行水をしたあと、水を捨てようとした作者が、ふと秋の虫たちの声に気づき、水を捨てられなくなっている情景が描かれています。②「群青世界」という表現に視覚、「とどろけり」という表現に聴覚が働いていることをとらえましょう。この俳句の作者は、「群青世界」という表現について、十メートルもの深さにおよぶ滝壺(水が落ちる場所)の色を表現したと述べていますが、大きな瀧の周囲に青々とした木々がしげり、その一帯に、瀧の落ちる大きな音がとどろいている様子を想像する人もいるでしょう。いずれにせよ、雄大な情景が表現されていることに変わりはありません。

15 御伽草子・徒然草

標準レベル＋

80ページ

1 問一 やわらかなる
問二 めったにないこと(8字)
問三 イ

考え方

1 問一 古文では、現代語と仮名づかいが違うものがあります。最もよく出てくるのは、語頭(単語の初め)以外の「は・ひ・ふ・へ・ほ」を、「わ・い・う・え・お」と読むパターンです。例えば、「いふ(言ふ)」は「いう」、「うへ(上)」は「うえ」となります。語頭以外なので、「はな(花)」は「はな」のままです。これ以外にも本文内で使われているものとして、3行目の「うつくしう」は「うつくしゅう」、5行目の「申すやう」は「もうすよう」というように読みます。

問二 古文と【現代語訳】との対応を考えるときは、意味が同じ言葉同士を見つけながら読んでいきましょう。「ありがたきこと」の前後で、【現代語訳】と意味が同じ言葉を探すと、少し前の「光るほどの姫君なり」が、【現代語訳】の「光るほどの美しい姫君である」と対応していることが分かります。そこから順に言葉を対応させていくと、「おほぢ、うば」が「翁と、媼」であり、「ありがたきこと」の直後の「に思ひて」が「と思って」であることがつかめます。つまり、この「と思って」の直前にある言葉が答えになります。「ありがたきこと」と「こと」まで入って問われているので、答えも「こと」まで書き抜くことが必要です。

問三 【現代語訳】を読み進めると、「ひととおりでなく喜んで」とありますから、**ア**と**ウ**は不適切です。「このようなこと」は、美しい姫君を授かったということですから、**エ**「楽しい」より**イ**「うれしい」が適切です。

ハイレベル＋＋

81ページ

1 問一 やすかるべき事
問二 例 前もって思っていたこととはちがうこと。
問三 エ

考え方

1 問一 まず、「わづらはしかりつる事」の意味を【現代語訳】から見つけたあと、それと反対の意味の言葉を探します。意味を読み取るときには、古文と【現代語訳】の対応を確認しながら読んでいきましょう。「わづらはしかりつる事」は、文章の二文目の冒頭にある言葉なので、【現代語訳】の二文目の冒頭を見ると「めんどうと思っていたこと」とあり、これが意味だと分かります。「めんどう」の反対の意味の言葉を探すと、その文の続きに「たやすい」とあるのが見つかります。これに対応する古語(古文の言葉)は「やすかる」です。「わづらはしかりつる事」とあるように、「事」までの部分で問われていることに注意し、答える部分も「やすかるべき事」と「事」までの部分で答えるようにします。

問二 ――線②の直前に「一年の中も」とあります。これが【現代語訳】のどこと対応しているかを確認しましょう。すると、「一年の間も」が見つかります。そこで、「かく」は【現代語訳】の「これ」に対応していることが分かります。指示語の指す内容は、基本的に直前部分にあります。ここでは、「毎日経過してゆく様子は、前もって思っていたのとはちがっている」を指しています。必要なのは「前もって思っていたのとはちがう」という内容です。「どんなこと」と問われていますので、答えの文末は「～こと。」にしましょう。

問三 **ア・イ・ウ**はいずれも例として挙げられた内容に基づいていますが、例は筆者の言いたいことを分かりやすくするためのものであり、言いたいことそのものではないので、いずれも不適切です。最後にまとめられた内容が筆者の最も言いたいことになります。

チャレンジテスト +++

82・83ページ

1 問一 い
問二 イ
問三 ア
問四 例目を覚ます。
問五 例寝ているのに起こすのはよくないと思ったから。
問六 例起こしてもらえないとぼた餅が食べられないから。
問七 ウ

考え方

1 **問一** 語頭以外の「は・ひ・ふ・へ・ほ」は、「わ・い・う・え・お」と読みます。「いひける」は「いいける」、「思ひて」は「思いて」となります。なお、「ゐ」は「い」、「ゑ」は「え」と読みます。8行目の「一声」は「一声」、13行目の「ゑい」は「えい」と読みます。また、10行目に「幼き人」とあります。古文では「を」がこのような形で使われることもあります。

問二 ——線②「心寄せに聞きけり」は、【現代語訳】では「楽しみにして聞いていた」に当たりますので、稚児が何を楽しみにしていたのかを考えます。直前に「いざ、かいもちひせん(さあ、ぼた餅を作ろう)」とあり、稚児はこの言葉を聞いて、僧たちがぼた餅を作ってくれるのだろうと期待していることがわかります。

問三 【現代語訳】で、稚児が「寝たふり」をしたところの前の部分を確認しましょう。19行目に「寝ないでいるのもよくないだろうと思って」と理由が書かれているので、この前後をよく読みます。

問四 【現代語訳】で対応するところを見ると、——線⑤「驚かせ給へ」は「目をお覚ましなされ」という意味だと分かります。「驚く」は、古語では「目を覚ます」「起きる」といった意味を表します。現代語の「びっくりする」という意味とは異なりますので、注意が必要です。「驚かせ給へ」の「せ」や「給ふ」は尊敬の意味を表す言葉です。稚児は貴族の子どもであることも多く、僧たちは敬語で話しかけているのです。そのあとも「な起こし奉りそ。」とありますが、「〜奉る」は謙譲語として使われており、僧たちがへりくだることによって、稚児への敬意を表しています。

問五 ——線⑥を含む会話文に対応する【現代語訳】を探して意味を確認すると、すぐあとの「幼き人は寝入り給ひにけり(幼い人は眠ってしまわれたのだ)」の部分がこの理由だと分かります。幼い子供が、一度声をかけても起きないほどに眠っているので、起こしてはいけないと思ったのです。

問六 この文章では、ぼた餅を食べたいのに食べられないでいる稚児の気持ちが書かれています。起こしてもらえればぼた餅が食べられるのに、最初に声をかけられたときについ返事をしなかったために、そのあと声をかけてもらえず、しかもここでは「起こし申しあげなさるな」という声まで聞こえてきたのです。このままでは、起こしてもらえず、ぼた餅が食べられなくなると思って困ったのです。

問七 むしゃむしゃとぼた餅を食べる音がした、という記述もあり、ぼた餅を作ったのはうそだということはどこにも書かれていませんので、**ア**は不適切です。稚児はぼた餅を食べていないので、食べ方がかわいらしいという**イ**も不適切です。稚児は起こしてもらえず、どうしようもなくなって「はい」と返事をしたのです。寝ぼけていた訳ではないので、**エ**も不適切です。最初に起こされてからずいぶん長い時間がたってから、稚児が急に返事をしたので、寝たふりをしていたのだと僧たちに気づかれてしまいました。ぼた餅が食べたくて我慢できなくなった稚児がずいぶん遅れて返事をしたことがおもしろくて、僧たちはきりがないくらいに大笑いしたのです。

16 物語文

標準レベル＋

84～87ページ

1 問一 アルトとテナー
問二 (1)みんなを引っ張る　(2)感情表現　問三 ウ
問四 例山口をソプラノ担当として信頼しており、山口をはげましたいという気持ち。
問五 エ
問六 例自分のソプラノとはなんなのかということ。
問七 イ
問八 例主役は卒業生であり、自分たちは途切れず、間違えず、安定していればよいと思ったから。
問九 ア　問十 情緒豊かに

考え方

1 問一 「私」はソプラノ、西澤はバスを担当しています。8行目「ソプラノとバスの間には、いつも、アルトとテナーが入る」のに、9行目「ソプラノとバスだけで吹く」ことになったので、いつもなら入っているはずの「アルトとテナー」の音が足りていないと感じているのです。

問二 (1)——線②の直後に「そういうリードする柄じゃないじゃない」と自分の気持ちを述べています。ただし、「リードする」では五字で、指定された条件に合っていません。19行目に「みんなを引っ張る」があり、こちらが八字です。(2)「メロディーが歌えない」理由を、あとに「感情表現ができてない」と説明しています。

問三 西澤がこのように言ったことについて、あとに「こいつ、人の話聞いてるのか、理解してるのか、と、私はムッとした」とあります。

問四 30行目「『ソプラノは、おまえだから』西澤は、また当たり前のように言った」や、34行目「淡々としていた」に着目しましょう。西澤にとって「私」がソプラノであることは当たり前のことであり、何の問題も感じていないのです。そこには「私」への深い信頼があったと考えられます。答えには、「山口を信頼(信用)している」の内容が必要です。また、この言葉は「私」がソプラノは自分でないほうがよいのではないか、自分にはうまくできない、という本音をもらした後の言葉であることにも着目すると、悩んでいる「私」へのはげましの気持ちもあると考えられますので、「はげます(応援する)」という内容でも正解です。

問五 西澤の言葉が心にひびいている場面であることに着目しましょう。「胸にひびく」など、同様の慣用句があります。

問六 前後の「私のソプラノ？」「なんだろう、それは。」をまとめましょう。「なんなのか」は「どのようなものか」などでもかまいません。

問七 ——線⑦の言葉の後につながる言葉を考えてみましょう。「信じてやってみよう」という内容の言葉です。つまり、「私」は西澤を信じてよい人物だと思っているのです。

問八 ——線⑧の直前に「そう思うと」とありますので、「そう」の内容を思ったことでふっきれたのだと分かります。「そう」の内容をまとめましょう。「私たちの演奏ではない」こと、または「主役は卒業生」であることのどちらかの内容と、「途切れない」「間違えない」「安定している」「目立ち過ぎないほうがいい」「控え目に、ひそかに美しい」のうちのいずれかの内容が必要です。

問九 ——線⑨の直後に、「彼が私の変化を感じ取った」とあります。53行目からの段落にその変化の内容が書かれているので合うものを選びます。**イ**は「今まではまちがえていた部分も」、**ウ**は「技術の正確さにとらわれず」、**エ**は「欠点をうまくかくしていた」がそれぞれ不適切です。

問十 58行目に書かれています。「情緒豊かに吹く」ことと、「正しい技術で吹く」ことはつながるのだと気づいたのです。

❶
問一　気持ちがふわふわして、夢の中にいる(ような様子。)
問二　イ
問三　例(駿馬からつらいかときかれたが、)自分にとっては父親のことは、つらいどころか、何度でも思いだしたいことだったから。
問四　ウ
問五　例(すばるの言葉に答えようと自分をふり返ってみて初めて、)自分の友だちがずいぶん減ってしまっている(ことに気づき、友だちがいるというのは、そうふつうのことでもない、と思いなおしたから。)(20字)
問六　例とぎれることがなく続く(という意味)。
問七　ハルザン
問八　イ
問九　エ

考え方

❶
問一　「そう」は指示語です。指示語が指す内容は基本的には前にありますが、続きの内容がヒントになることが多いので、必ずしっかりと読むようにしましょう。ここでは、「いつもより表情が和らいでいる」という内容に着目し、和らいだ表情に関わる表現をさかのぼって探します。「気持ちがふわふわして、夢の中にいるかのようだ」とあるので、解答欄の「〜ような様子。」に合う形かつ字数に注意し書き抜きましょう。

問二　駿馬はすばるの父親のことをききたいと思ったのですが、自分自身は死んだハルザンを思いだすとつらく感じることから、すばるも亡くなった父親のことを思いだすのはつらいのではないかと感じているのです。だから、「何でもきける気がする」とは思っても、できるだけ柔らかな声を出そうと気遣いながらたずねたのです。

問三　23行目の「つらくはない。死んだオトさんにはもう会えないから、……何度でも思いだしたい」に着目します。すばるにとっては父親のことは思いだしたいことだったので、駿馬につらいのかと聞かれて意外そうな様子を見せたのです。答えには、「何度でも思いだしたい」の内容が必要です。

問四　「のどにつっかえていた氷のかたまりが……ゆっくり溶けて」という表現は、ハルザンが死んでしまった苦しみや悲しみなどがゆっくり和らいでいく様子を表したものと読み取れます。**イ**・**エ**はすばるに対する心情になっているので不適切です。**ア**は、「ハルザンとの記憶をなつかしく思える」が不適切です。

問五　――線⑤の直後の「友だちがいるというのは、……ため息をつく。」に着目します。たくさんいると思っていた友だちがいつの間にかいなくなっていることに自分で気づいたのです。陸上部も春ちゃん先輩もカガミも友だちの例ですから、この中のどれかだけを書くのではなく、「友だち」とひとまとめにして答えを書きます。「友だちが減った」「友だちが多くない」の内容が必要です。

問六　「ずっと続く」あるいは、「とぎれない」という意味を書けていればかまいません。

問七　――線⑦の後で駿馬は、「けっしてゼロにならない友だち」として「ゲンちゃん。そして……。」と思いをはせ、ため息をついています。「ゼロにならない」と心から信じられるほどの存在は亡きハルザンであると考えられます。

問八　――線⑧の直前に「声を荒らげた」とありますが、そのあとも会話を続けており、そこまで真剣な怒りではないと考えられるので、**ア**の「許せないほどの激しいいかり」は不適切です。ただし、「声を荒らげた」ことやそのあとの言葉から、駿馬の唐突な言葉にいらだったことは確かなので、**ウ**や**エ**も不適切です。

問九　ハルザンの死を悲しんでいた駿馬ですが、父を亡くしているすばると「ゼロにならない友だち」に「なりてぇなあ」と感じています。

17 説明文

標準レベル＋ 92〜95ページ

1 問一 (1)ウメの木 (2)ではない 問二 ア
問三 例ウグイスの羽根はウグイス色ではなく枯れ葉のような茶色だから。(30字)
問四 ウ 問五 例花の咲いた木(花が咲いた木) 問六 エ
問七 例ウメの花が咲くころにウグイスの鳴き声が聞こえてくる(25字)
問八 その理由は 問九 ウ

考え方

1 問一 多くの場合、ウメの木に寄ってくる小鳥は何かという問いに、「ウグイス」だとの答えが返ってくるが、実はそうではないのだ、という話題を1段落で提示し、2段落以降で、なぜそうではないのかの理由が説明されています。

問二 ②は、「ウグイス色の羽根をした小鳥が、花の咲いたウメの木に寄ってきているのを見た」ことが「『ウメの木に寄ってくるのが、ウグイスではない』ということの証しになる」という意外な結果へと導きます。よって、逆接を表す「ところが」「しかし」などの接続語が入ります。④は、3段落の内容を受けて「ウグイス色の羽根をもった小鳥は、ウグイスではなく、メジロなのです」と言い換えてまとめているため、「つまり」「すなわち」などの接続語が入ります。

問三 ――線③の直後の3段落で「『いったい、どういうことなのか』との〝ふしぎ〟が浮かんできます。」と疑問を挙げた後で、「実は、ウグイスの羽根はウグイス色ではないのです。」と疑問への答えを述べています。「ウグイスの羽根の色は茶色がかった色だから。」など、ウグイスの羽の色が一般的に言われているウグイス色ではないことを書きましょう。

問四 ウグイスが「クモや虫、その幼虫などを食べて」いるなら、それらを「探しにウメの木に寄ってくる可能性」はあります。しかし、7段落では「ウグイスが特に花の咲いたウメの木にわざわざ寄ってくる必然性はない」ことも指摘されています。したがって、確かにウグイスがウメの木に寄ってくる可能性はあるが、それはあまり高くないと推測できます。

問五 ⑥の直後は「によく寄ってきます」となっており、その後に続く文で「もちろん、花の咲いたウメの木にも寄ってきます」と補足しています。また、メジロは花の蜜を吸うのが好きな小鳥であることからも、「花の咲いた木」に寄ってくると判断できます。

問六 メジロであることが確かになるポイントは、羽根の色だけでなく、目のまわりが白いことです。その他の選択肢の「クチバシの形」や「鳴く様子」「ウメの花の形」などは、「ウグイス」か「メジロ」かの判断には必要ありません。

問七 12段落の最後に「そのため、……メジロの羽根の色がウグイス色となったのでしょう」とあります。したがって、ここに至る過程を押さえて説明するとよいと判断できます。「ウメの花が咲くころ、『ホーホケキョ』というウグイスの鳴き声が聞こえた」こと、「ウメの木を見たら黄緑色の羽根をした小鳥がいた」こと、「この小鳥が鳴いたと誤解された」ことをふまえ、解答欄に合うようにまとめましょう。

問八 ――線「『ウメにウグイス』という言葉がよく知られている」ことに関する説明を文章中から探すと、13段落の冒頭に「『ウメにウグイス』という取り合わせは……広く受け入れられています。」という文があり、設問文とまさに同じ内容だとわかります。したがって、この後の「その理由は、」以降が答えです。

問九 アは、疑問文が「解明不可能なことを示」すという説明が不適切です。イは、逆接の接続語から始まっていることは合っていますが、この段落から話題が変わっているわけではないので不適切です。エは、「メジロの性質が優れていることを分かりやすく説明している」という点が不適切です。

注意する言葉 皮肉・証し・愛嬌

ハイレベル ++

96〜99ページ

❶ 問一 ①エ ②ア ⑥エ

問二 ウ

問三 ア

問四 (1)イ (2)自己呈示がうまくいく主観的確率が低い

問五 例対人不安は人からどう見られているかという評価への不安だから。(30字)

問六 例「自分らしく」生きるのがよいとされているが、その「自分らしく」が難しいから。(38字)

問七 ウ

問八 「自分はどうしたいか」をまず第一に考えて(20字)

問九 エ

考え方

❶ 問一 ①は「現実の」と「想像上の」が並べられていることに着目します。②は3段落の内容を4段落でまとめていることに着目します。⑥は前後で対人不安を感じない人についての説明が並べられています。

問二 5〜8段落をヒントに考えます。ウの「特に意識しなくても」という部分が「印象操作」と矛盾します。

問三 8段落の初めに「たとえば」という例を導く接続語があることがヒントです。

問四 ――線④前の9段落に、「好ましい自己像を呈示しようという自己呈示欲求が強いほど、またその自己呈示がうまくいく主観的確率が低いほど対人不安傾向が強い」と述べられていることに着目しましょう。(1)に入るものは、「好ましい自己像を呈示しようという自己呈示欲求が強い」と同じ内容です。(2)にくるのはそれに続く部分である「自己呈示がうまくいく主観的確率が低い」になります。この部分と同じ意味の言葉はこのあと繰り返し出てきますが、字数が合うのはここだけです。

問五 ――線⑤で挙げられた人たちは、「人からどう見られてもいい」「人のことなど眼中にない」のです。対人不安は人からの評価を気にするところから生まれる不安ですから、人が気にならない人には無関係なものです。「対人不安は人からの評価に対する不安だ」ということが書けていれば正解です。

問六 今が「男らしくとか女らしく」生きるのがよいとされていた時代に比べて、そういった枠組みが薄れて「自分らしく」という難しいものを要求されている時代であることを読み取りましょう。「自分らしく生きることを求められていること」と、「その自分らしくということが難しい(自分らしさがわからない)ということ」の二つが必要です。

問七 「どんな生き方が自分らしいのかがわからない」人が「気になって仕方がない」こととは何かを考えます。この人は「これでいいのだろうか」「なんか、ちょっと違うかもしれない」「どう思われてるんだろう」と不安に思うと考えられます。しかし「おかしな人だと思われてもしかたない」のような諦めの気持ちになることは考えにくいでしょう。

問八 17段落の「自分らしさに正解、不正解はありません。また、相手にこう見られたいという気持ちは悪いものではありませんが、そこにとらわれ過ぎることもないのです。」という部分が、問題の「自分らしさや人の目を過度に気にすることなく」に対応します。したがって、空欄にはこの後の内容を入れればよいと分かります。一般的に筆者の主張は文章の最後にまとめて述べられます。

問九 アの内容は1段落に述べられています。イの内容は7段落に述べられています。ウの内容は14段落に述べられています。エですが、14段落に引っ込み思案の人が社交上手な人を羨ましく思うことが書かれていますが、これは社交上手な人が自己呈示をうまくできるということを意味しているだけで、対人不安を感じないということではありません。

❗注意する言葉 操作・主観的・葛藤・苛む

チャレンジテスト

100~103ページ

1 問一 ウ　問二 エ　問三 ウ　問四 イ

問五 例いつでもまず型通りに動けばよく、それによって他の行動をする余地もできるということ。

問六 例全く同じで変化がない(という意味)。

問七 例多くの先人に考え尽くされてできたすばらしいものということ。

問八 (1)自分がやらなくてもいい

(2)例私らしい花を活けるために型を身につけたい(20字)

問九 ア

考え方

1 **問一** ――線①の直前で紗英は、「好き」ということが曖昧だと気づいています。自分らしい活け花をしたくて「好きなように」と思っているのに、その「好き」が曖昧でつかみどころがないものだと気づき、困惑しているのです。ここは自分の内面だけでの困惑で、家族に伝えたいとか理解してほしいとかではないので、**ア・イ・エ**は不適切です。

問二 ――線②の直後では紗英に賛成しますが、次に「でもね」と言って、「すごく大事なところ」などと紗英の考えをたしなめていることに着目しましょう。

問三 母の言った「決まりきったことをきちんきちんとこなす」ことについて、紗英は「すぐに面倒になってしまう」と感じています。

問四 「意識を一点に集中させてゆく」という将棋と比べて、囲碁は「あちこちで陣地の取り合いがある。右辺を取られても左辺が残っている。石ひとつでも形勢が変わる」と、変化に富むことを示す特徴が列挙されています。

問五 祖母は続けて「型があんたを助けてくれる」といっています。そして紗英は祖母が毎朝やっているラジオ体操のことを思い、型通りにやることの大切さに思い至ります。これらをまとめると、どんなときもまず型から始めることで他のこともやれるようになるということが導けます。「型さえ守れば、加えて個性を発揮することもできるようになる。」や「型をしっかり身につけておけば、やがてそれを破って独自性を出すことが許される。」のような書き方でもかまいません。「まず型から始めることで他のこともやれるようになる」という意味であることが必要です。

問六 判(印鑑)で押した字がいつも同じ形であることから、変化がないという意味です。「同じ」「変わらない」という意味であれば正解です。

問七 ――線⑦は直前の「型って……」の続きですから、型とはどんなものかについて紗英が考えた内容になります。「たくさんの知恵」は、43行目に型の一つである「定石」について「数え切れないほどの先人たちの間で考え尽くされた」と書かれていましたので、数え切れないほどの先人たちの知恵ということになります。また、「果実」はたとえですから、果実のままにはせず、やはりどんな意味でこう表しているかを考えましょう。果実は、植物が種から芽を出し、花を咲かせ、やがて立派に実ったものです。このことから、働きや努力の結果できたよいもののたとえで使われます。これらをまとめて解答することになります。「多くの先人が考えて作ったよいもの」という内容が必要です。

問八 (1)紗英は初めのうち、「誰が活けても同じ型。あたしはもっとあたしの好きなように」(10行目)と、型を身につけることを嫌がっています。42行目「ただ楽しく打てればいい」も型を嫌がる表現で十一字ですが、これは囲碁だけの話ですから不適切です。(2)最後の三つの文が「型」はすごいものだと思うようになったあとの紗英の気持ちです。「自分の花を活けるために型を身につける」という内容が必要です。

問九 紗英以外の登場人物の心情ももちろん読み取れますが、それはせりふが「　」の部分以外にも書かれているからではありません。また、そこに書かれている「そうかな」という言葉は紗英の返事なので、**イ**は合いません。視点は紗英に固定されていて、なやみの大きさを表現するような回想やたとえはないので、**ウ**と**エ**も不適切です。

チャレンジテスト　104〜107ページ

1

問一　①ウ　⑥ア

問二　イ

問三　イ

問四　例言葉を見聞きしたり使ったりしたエピソードを集積して、編集し、意味記憶へと変容させていくこと。

問五　例人間は、よりよく生きていくために、他者との間に豊かで建設的な関係を保とうとする生き物であるから。

問六　例どのような言葉を発するかによって、人間関係だけでなく人生も変わってしまうから。(39字)

問七　エ

問八　(1)イ　(2)ウ

考え方

1 問一　①は「落語家の人生」を「絶えざる言葉の修業」だと説明しています。「つまり(は)」は言い換えの接続語で、ここのような詳しい説明の文脈でも用いられます。⑥は、後に6段落で述べた内容の具体例が続いています。

問二　「絶える」は「終わる・途切れる」、「〜ざる」は「〜ない」という意味です。1段落の「落語家は、一生言葉に対する感覚を磨いていかなければならない職業」、2段落の「一生言葉の修業をつづけている」などからも判断できます。

問三　2段落の「そのような言葉の芸術作品をつむぎ出すために、小説家は、日々の生活の中で自分が接する、自分が発する言葉に注意を払い、言葉の修業を続けていく。」に着目しましょう。ア「周囲の人に小説家として認めてもらうために」、ウ「小説で意味を……展開したりするために」は文章の内容と合いません。エ「言葉の修業を続けることが、小説という言葉の芸術の究極のテーマ」なのではなく、小説という言葉の芸術の究極のテーマを実現するために、言葉の修業をつづけるのです。

問四　3段落に「編集され」という言葉が出てきます。ここでは、「様々なエピソードの記憶」を「集積」し、「編集」し、「意味記憶へと変容していく」プロセスが「編集作業」だと説明されています。

問五　――線⑤の後に、筆者が「人間は、高度に社会的な動物である」と考える理由が書かれています。

問六　7・8段落では具体例を挙げながら、――線⑦のことを説明しています。たくさん挙げられている具体例は全て「言葉の使い方のセンスが問われる場面」です。こうした場面で「どのような言葉を発するか」によって、「人間関係や人生そのものが変わっていってしまう」ので、「自分の言葉のセンスを磨くことは、すなわち、人生を豊かにすること」だといえるのです。「人生の中で言葉の使い方のセンスが問われる場面で、」という書き出しに合うように、これらをまとめましょう。

問七　アは、「落語家が見聞きする言葉」、「小説家は自分の発する言葉」に注意を払うわけではないので不適切です。イは、4段落と矛盾します。ウは、「人との奇跡的な出会いや社会との関係のようなさまざまな要素」が関係しているという説明が誤りです。4段落に「さまざまな要素が奇跡のように作用しあって、名人と呼ばれる落語家が生まれ、偉大な小説家が生まれる」と書いてあります。しかもこれは、脳の中での「言葉の編集作業」によるものです。エは、9段落の最後の一文と合っています。

問八　1〜4段落では落語家と小説家の「言葉の修業」に絞って述べています。一方、5〜9段落では、落語家に限らず一般の人々についても述べています。6段落と9段落で繰り返し述べている、「言葉のセンスを磨いていくことは、豊かな人生を送る上でとても大切なことである」、「自分の言葉のセンスを磨くことは、すなわち、人生を豊かにすることである」という表現に着目しましょう。

! 注意する言葉　自発的・社会的

思考力育成問題

108〜111ページ

❶ 問一 ウ　問二 イ

問三 例平成二十九年度から令和三年度までの各年度別の家庭用ゲーム機のはんばい台数。

問四 例長い

問五 (1)2

(2)例資料2は、テレビやゲームの画面を見る時間と体力との関係を表しているから。

❷ 問一 エ　問二 ア　問三 二十五

問四 例本以外の楽しみに時間を使っている

問五 ア　問六 読みたい本が手に入らない

考え方

❶ **問一** ○〜一時間の人は平成二十九年度に十九・一パーセントだったのに対し、令和三年度は十二・二パーセントです。約三分の二に減少しているといえるので、**ウ**が正解です。**ア**は、年々減っているので不適切です。**イ**は、割合で最も多いのは一時間以上二時間未満の人なので不適切です。**エ**は、一〜二時間の人の割合は減っているので不適切です。

問二 ○〜一時間未満の人の平均点が五十四・○点と最も高くなっているので、**イ**が正解です。体力合計点が全国平均を上回っているのは、三時間未満の人なので、**ア**は不適切です。**エ**は、資料1から読み取れることです。グラフの数値だけで、**ウ**のように言い切ることはできません。

問三 ゲームが気軽にできるようになったことが分かる資料が必要です。

問四 一時間未満から五時間以上へと時間が増えるにつれ、体力合計点が下がっているので、体力が低くなっているといえます。「長い」以外に「長くなる」「多い」「多くなる」「増える」「延びる」などでもかまいません。

問五 「テレビやゲームの画面ばかり見ていないで運動しよう」ということを呼びかけたいのですから、画面を見る時間と運動に関するデータを示す必要があります。したがって、体力合計点がわかる資料2をポスターに載せるのが効果的です。

❷ **問一** 月に五冊読む人から十冊以上読む人までの割合を全部足すと、五八・八パーセントになります。よって、**エ**が正解です。三番目に多いのは、月に五冊読む人なので、**ア**は不適切です。月に十冊以上本を読む人は二十一・八パーセントおり、九冊以下しか読まない人は七十八・一パーセントしかいないので、**イ**は不適切です。グラフの数値だけでは、**ウ**のようには言い切れません。

問二 十パーセント以上なのは、「テレビ・DVD・動画を見るのに時間を使う」「ゲームに時間を使う」「まんがや雑誌のほうがおもしろい」「特に読みたい本がない」の四項目なので、**ア**が正解です。「音楽・ラジオなどを聴くのに時間を使う」と答えた人が、その他を除く全項目の中で最も少ないので**イ**は不適切です。「塾や習い事でいそがしい」と答えた人は「友だちと遊ぶのに時間を使う」と答えた人より少ないため、**ウ**は不適切です。「特に読みたい本がない」と答えた人が、「本を読むのが好きではない」と答えたという記載は【資料2】の中にないため、**エ**は不適切です。

問三 月に○冊が七・六パーセント、一冊が七・一パーセント、二冊が十・二パーセントで、これらを合計すると二十五パーセントになります。

問四 本を読まない理由の上位三項目は、テレビ・DVD・動画・ゲーム・まんが・雑誌が関係しています。このような本以外の楽しみに時間を使うため、本を読むことができないと考えられます。「楽しみ」は「遊び」などの言葉でもかまいません。

問五 本以外の楽しみに時間を使っていると答えた人が多いことをふまえて方法を考えます。動画を使って、テレビやゲームなど興味のある分野に関する本を紹介すると、本以外の楽しみに夢中な人をひきつけることができると考えられます。

問六 ほしい本を追加する案を提案していることに着目しましょう。「特に読みたい本がない」人は、アンケートに書くことがないため、不適切。

しあげのテスト(1)

巻末折り込み

1 (1)例自分の本来の姿（7字）

(2)例杉本に時間を取って貰ったことが申し訳なかったから。（25字）

(3)ウ　(4)エ

(5)例杉本の好意におどろき、感動（13字）　(6)ア

2 ①あ危機　い機器(器機)　②あ射　い居　③あ起立　い規律

④あ配信　い背信　⑤あ快方　い開放　⑥あ聖人　い成人

⑦あ納　い治　う修

3 (1)①イ　③ア

(2)秋／は／月／が／きれいに／見える／の／です。

(3)ウ　(4)楽しみました

考え方

1 (1) 本来あるべき姿や形になっていないものを見聞きすると、気持ちが落ち着きません。勉強やピアノに自信があったころの宮田は自分を「価値のある人間」だと思い込んでいましたが、ここで「もうあれもこれも、なくなってしまった」と素直に認めたことで、気持ちが楽になったのです。「本来の姿」は、「本当の気持ち」「実際の状態」などでもかまいません。「自分の」「本来の」に当たる言葉が必要です。

(2) 直前で「すみませんでした」と言っています。この部分を利用してまとめましょう。「時間を取って貰った」という内容と、それに対する申し訳ないという気持ちの二つが必要です。また、理由を答えるので、文末は「～から。」などの理由を表す表現にします。

(3) ——線③の前後に着目しましょう。「杉本がひどく緊張し」ていることがわかったものの、その理由がわからず、「自分が何か変なことをしてしまったのだろうか?」と思っているので、ウが正解です。

(4) 自分のことを「すごく出来の悪い寮母」と言ったあと、「だったら、私は星見寮にいない方がいいのかな?」と宮田に問いかけています。「出来の悪い寮母」の自分でも宮田は良い評価をしてくれているので、そのことを宮田自身に思い出させて、人の存在意義は出来が良いとか悪いとかではないと言いたいのです。よって、エが正解です。

(5) 「ただ見つめていた」のは、自分のことなど気にかけてくれるはずはないと思っていた杉本が、実は宮田のことを好意的に思ってくれていたことを知り、思いがけなくてすぐ反応できなかったからです。単に「おどろき」だけでは足りません。気にかけてくれているはずがないと思っていた相手からの好意を知ったのですから、喜びや感動が伴っています。「おどろき」「感動」の二つの内容が必要です。「感動」は「喜び」など、嬉しい気持ちが表れた表現であればかまいません。

(6) 杉本の気持ちをなかなか理解できず、ときには「自分が何か変なことをしてしまったのだろうか?」と卑屈にさえなっています。「受け止めるのをこわがっている」わけではないので、ウは不適切です。かつての宮田は自信家だったようですが、今ではすっかり自信を失っています。よって、アが正解です。「心を閉ざす」「懸命に努力をする」といった様子は、この文章からは読み取れないので、イ・エは不適切です。

2 ①あ「危機」は危うい状況のこと、い「機器」は機械や器具などの総称です。②あ「射る」は矢を放つこと、い「居る」はある場所に存在することです。③あ「起立」は立ち上がること、い「規律」はルールやきまりを表します。④あ「配信」は番組などを送信すること、い「背信」は信頼などを裏切ることを表します。⑦ほかに「収める」もあります。

3 (1) ③「高い」という形容詞が転じて名詞になったものです。

(2) 「単語」は、これ以上分けられない、最小単位の言葉です。

(3) ——線④とウは、「伝聞」（人から伝え聞いたこと）を表します。一方、ア・イ・エは「様態」（ものの様子や態度）を表します。

(4) 「昔から」をそれぞれの文節とつなげて読んで、自然につながるものを探しましょう。

しあげのテスト(2)

巻末折り込み

1 (1)女性が台所

(2)例女性も仕事で忙しくなり、食材を買う時間や料理をする時間がないという問題。(36字)

(3)例長時間働くことを要求したり、会社の都合で転勤させたりするというやり方。(35字)

(4)男性は外で　(5)イ　(6)ア

(7)ア○　イ○　ウ×　エ×　(8)心の余裕

2 ①ウ　②ア　③イ　④エ　⑤ア

3 ①ア→例先生がおっしゃっていることをよく聞く。

②ウ→例私はレストランで出された食事をいただいた。

③ウ→例来ひんのかたがお話しになった内容を思い出す。

④イ→例母は今、家にはおりません。

⑤ア→例お客様が事務所にいらっしゃる。

考え方

1 (1) 1段落の一文目は、文末が「～かもしれません。」となっています。これは、断定はできないがその可能性があることを示しています。

(2) 2段落から4段落の内容に着目します。働く女性が増えて、家事に費やす時間が少なくなったのです。「食事はしなければ生きていけ」ないため、家事の中でも料理は必須ですが、男性も女性も仕事で忙しいと、「家に食材がない、つくる時間がないという問題」が起きてしまいます。女性が働くようになっていることと、料理をする時間がないことを書きます。

(3) 企業が以前からやっていることを見つけてまとめます。まず、――線②を含む文「企業は昭和のやり方を続けていますから……女性も、残業を求められます」に着目すると、企業の「昭和のやり方」の一つに、従業員に残業を求めることがあるとわかります。また、2段落では「長時間働くことを要求します。……また、会社の都合で転勤させられることもあります。」と述べられています。長時間残業して働くことを要求するだけでなく、会社の都合で従業員を転勤させることも「昭和のやり方」なのです。この二つが入っていて正解です。

(4) ――線③の直前に「夫と同じように働いているのに、料理の負担が自分だけにかかっている、と感じている女性」について述べられています。このようなことを生み出す「古い価値観」とは何かを考えます。

(5) ――線④の段落で「昔の和食には……長い時間煮しめるものがいくつもあり……女性を台所に縛りつけるイメージがある」ことが述べられています。これが「家父長制社会」のイメージと重なるのです。

(6) ⑤は「経験を積むうちに、うまくなる」ことを「経験がないとおいしくするのが難しい」と言い換えています。⑥の前では和食について書かれているのに対し、後では洋食や中華料理について書かれています。

(7) アは、4段落と9段落の内容をあわせると正しい説明です。イは8段落の内容と合っています。ウは、「おいしいものではないから」が不適切です。エは、「和食のつくり方を教えてくれなかった」世代への反抗という内容が読み取れません。

(8) 説明文が最終段落の内容と一致することに着目します。

2 ①秘密などをむやみに言わないことを表す「口がかたい」と区別をしましょう。②イは、「へそを曲げる」などの言葉で表されます。③「すみに置けない」は才能や知識を評価するときに使います。④イは、「眉につばをつける」などの言葉で表されます。⑤「浮き足立つ」は、よくないことが原因で落ち着かなくなることを表します。

3 ①ア「申しあげる」は謙譲語なので不適切です。②ウ「めし上がる」は尊敬語なので不適切です。③ウ「お話しになる」に、尊敬を表す「れる」を重ねて使っています。④イ「いらっしゃる」は尊敬語なので不適切です。⑤ア「参る」は「来る・行く」の意味で使う場合は謙譲語なので不適切です。

2 1 0 9 8 7 6 5 4 3
* * D C B A